„Wenn er mich doch küßte…“

Das Hohe Lied der Liebe

Herbert Haag und Katharina Elliger

„Wenn er mich doch küßte…“

Das Hohe Lied der Liebe

Mit Gemälden
von Marc Chagall

BENZIGER
Solothurn und Düsseldorf

2. Auflage 1995

Fotos: Service photographique de la Réunion des Musées nationaux, Paris
Graphische Gestaltung: Thomas Schröder, Hannover
Titelvignette: Roswitha Pauli-Schröder, Ritterhude
Druck und Verarbeitung: Druckerei Rasch, Bramsche

ISBN 3-545-34121-6

Inhalt

Vorwort

Die Einstellung zur Sexualität ist in einem starken Wandel begriffen. Der Umgang der jungen Leute miteinander ist heute freier und selbstverständlicher denn je. Die traditionelle Morallehre der christlichen Kirchen verliert immer mehr an Verbindlichkeit. Da liegt es in dieser nach Orientierung suchenden Zeit nahe, sich auf ein biblisches Buch zu besinnen, das ausschließlich dem Thema Liebe gewidmet ist. Es ist das «Hohelied der Liebe» im Alten Testament. Dies geschieht in der begründeten Annahme, daß der heutige Mensch zu denken und zu empfinden bereit ist, wie die beiden Liebenden im alten Israel. Es zeigt sich, daß das Alte Testament in der Liebe wie auch in anderen Bereichen dem Lebensverständnis unserer Zeit entgegenkommt.

In dem vorliegenden Buch geben wir den hebräischen Text des Hohenliedes in eigener Übersetzung wieder. Die Abgrenzung der Lieder war in der Forschung von jeher umstritten und wird immer eine Frage des Ermessens bleiben. Unsere Einteilung scheint uns den Sinneinheiten zu entsprechen.

Die *Einführung* soll den geschichtlichen Hintergrund des Textes sowie seine inhaltliche und sprachliche Gestaltung und seine Aussageabsicht erhellen. Die *Erklärungen* möchten darüber hinaus zum besseren Verständnis der einzelnen Lieder beitragen und auf ihre faszinierenden Bilder, ihre überraschenden Metaphern und die Zartheit ihrer Sprache aufmerksam machen. Sie wollen keinen wissenschaftlichen Kommentar ersetzen, dennoch stehen sie auf dem Stand heutiger exegetischer Erkenntnisse und greifen die gegenwärtige Diskussion auf. Der Blick in die *Auslegungsgeschichte* soll zeigen, wieviel das Hohelied, wenn auch in unterschiedlichem Verständnis, der Synagoge und der Kirche bedeutet hat.

Bei den Arbeiten für das vorliegende Buch «Wenn er mich doch küßte» konnten wir auf den im Jahre 1983 im Rainer Wunderlich Verlag, Tübingen, gleichlautend erschienenen Band, illustriert mit Holzschnitten von Robert Wyss, zurückgreifen. Bereits zwei Jahre später erschien eine zweite Auflage dieser bibliophilen Ausgabe im Rowohlt Verlag. Eine programmatische Neuorientierung des Verlages führte jedoch dazu, daß dieser Programmbereich nicht weiter ausgebaut wurde, somit die Rechte an uns zurückgegeben wurden.

Wir freuen uns, daß der Benziger Verlag eine neue Ausgabe mit dem zauberhaften und faszinierenden Hoheliedzyklus von Marc Chagall vorlegt, dessen Originale sich im «Musée National Message Biblique Marc Chagall» in Nizza befinden. Mit dieser Gestaltung des Buches hoffen wir, eine überzeugende Einheit von Text und Bild vorzulegen. Einführung, Übersetzung und Kommentar wurden für diese Ausgabe ergänzt, überarbeitet und auf den heutigen Stand gebracht. Zusätzlich aufgenommen wurde ein Überblick über die aufschlußreiche Geschichte der Auslegung des Hohenliedes.

Luzern/Tübingen im Sommer 1994
Herbert Haag/Katharina Elliger

Einführung

In der Bibel gibt es Liebeslieder

Ein Liebeslied wird mit diesem Buch in Ihre Hand gegeben. Zwar ist an Liebesliedern in der Weltliteratur kein Mangel. Aber dieses Lied ist etwas Besonderes. «Wenn er mich doch küßte mit den Küssen seines Mundes!», so sehnt sich das Mädchen nach seinem Freund. Sie muß auf den Weinberg ihrer Brüder aufpassen, er hütet Schafe und Ziegen. Sie sucht ihn im Sommer unter den Hirten auf den Feldern, sie sucht ihn im Winter auf den Straßen der Stadt, sie vergeht vor Verlangen nach ihm. Er malt sich aus, wie sie aussieht, und er kann ihre Schönheit nicht anders fassen als in Bildern aus der überschäumenden Natur. Er steht vor ihrer Tür, sie läßt ihn bei sich ein. Sie lieben sich unter den Augen der Mutter. Sie lieben sich in den Weinbergen, unter Apfelbäumen, mitten in den Blumen. Ihnen schwinden die Sinne. Wie eine Feuersbrunst, wie ein Strom reißt die Leidenschaft sie fort. Nicht ohne Grund heißt dieses Liebeslied das «Hohelied». Und dazu steht es noch in der Bibel, die den Anspruch erhebt, uns den Weg zu Sinn und Erfüllung des Lebens zu weisen.

Daß Liebeslieder überhaupt in der Bibel stehen, ist schon erstaunlich. Noch verwunderlicher ist, daß sie durch die Überschrift vor allen anderen biblischen Büchern ausgezeichnet werden. Der hebräische Titel heißt «Lied der Lieder Salomos». Durch die Verbindung eines Wortes mit seinem eigenen Plural drückt die hebräische Sprache die höchste Steigerung aus. «Lied der Lieder Salomos» bedeutet dann nichts anderes als «das schönste Lied Salomos», so wie mit «König der Könige» der größte König und mit «Buch der Bücher» das wichtigste Buch gemeint ist. Luther prägte den Ausdruck «Das Hohelied» und verlieh damit, der mittelalterlichen Sprachgewohnheit entsprechend, dem Superlativ Ausdruck.[1]

Das Hohelied wird dem König Salomo zugeschrieben. Aber die Erkenntnisse der Bibelwissenschaft verbieten uns, diese Überlieferung zu übernehmen. Es war vielmehr in der Antike ein beliebter Kunstgriff, daß ein unbekannter Dichter oder Schriftsteller sein Werk mit einem berühmten Namen schmückte. Die Bezeichnung «Das Lied der Lieder Salomos» ist aber auch insofern irreführend, als wir es im Hohenlied nicht mit einem Liebeslied, sondern mit einer

Sammlung von Liebesliedern zu tun haben, die ursprünglich selbständig umliefen. Das bedeutet auch, daß wir im Hohenlied keinen strengen Aufbau und logischen Ablauf erwarten dürfen, ja daß zwischen einzelnen Liedern Widersprüche und Ungereimtheiten bestehen können. Die Sammlung der im Hohenlied vereinigten Liebeslieder dürfte erst nach dem babylonischen Exil (586-538 v. Chr.), vielleicht im 4. Jahrhundert vor Christus, entstanden sein. Das schließt nicht aus, spricht vielmehr dafür, daß einzelne Lieder erheblich älter sind. Heute neigt die Forschung dazu, die salomonische Epoche wieder sehr ernsthaft ins Auge zu fassen. Es war eine Zeit aufgeklärter Weltlichkeit und Freiheit, zugleich offen für alle im Hohenlied deutlich erkennbaren ausländischen, vor allem ägyptischen Einflüsse.

Warum spricht die Bibel von der Liebe?

Was aber sollen Liebeslieder, die nur mit der menschlichen Liebe, nichts aber mit Gott zu tun haben, ja in denen das Wort Gott überhaupt nicht vorkommt, in der Bibel? Entsprechend groß war schon früh die Verlegenheit der Ausleger, wie sie mit diesen Texten umgehen sollten. Ursprünglich gehörte das Hohelied fraglos zu den maßgeblichen und heiligen Schriften Israels. Und alles deutet darauf hin, daß man das Hohelied in seinem eigentlichen Sinn verstand, als Ausdruck der erotischen Liebe zwischen Mann und Frau. Das entspricht ja auch ganz und gar dem Empfinden des biblischen Menschen. Für ihn ist diese Welt, so wie sie ist, mit Freude und Trauer, mit Hoffnung und Angst, mit Liebe und Leid, mit Sünde und Gnade, mit Leben und Tod von Gott gewollt. Und dem Menschen kommt es zu, diese Wirklichkeit zu gestalten. Dann aber muß auch die stärkste Kraft, die diese Schöpfung kennt, die Kraft der Liebe, darin ihren Platz finden, dann darf auch der Bereich der Erotik mit der ganzen Faszination, die ihm eigen ist, nicht fehlen.

Das Hohelied – ein Ärgernis

Nachträglich aber wurden in jüdischen Kreisen Zweifel laut, ob das so verstandene Hohelied zu Recht in den Kanon, das heißt in die anerkannte Sammlung heiliger Schriften, aufgenommen worden sei. Es galt also von nun an, dem Hohenlied seinen Platz in der Bibel zu sichern, und dies scheint seit dem 2. christlichen Jahrhundert den jüdischen Auslegern nur mit Hilfe einer übertragenen oder «geistigen» Deutung möglich gewesen zu sein. Diese Hinwendung zum Geistigen und Geistlichen hatte notwendig eine Abwertung, ja Verachtung des Leiblichen im Gefolge. Man hielt es für unzumutbar, daß der Heilige Geist seine Inspiration für die Verherrlichung der Liebe zwischen Mann und Frau verschwendete. Die Liebe, die im Hohenlied besungen wird, gilt nun als die Liebe zwischen dem Bräutigam Jahwe und der Braut Israel.

Daß die christliche Auslegung des Hohenliedes sehr bald in die Fußstapfen der jüdischen trat, ist angesichts der Sexualfeindlichkeit der frühen Kirche – die in Augustinus ihren einflußreichsten Vorkämpfer fand – nicht verwunderlich. Man bezog also die im Hohenlied besungene Liebe auf das Verhältnis zwischen Christus und der Kirche, Christus und der einzelnen Seele, Christus und Maria. Nur so ist zum Beispiel zu erklären, daß Thomas von Aquin sich auf seinem Sterbebett das Hohelied von Anfang bis Ende vorlesen ließ. Wir haben es mit einem verhängnisvollen Wechselverhältnis zu tun: Aus einer falschen Einstellung zum Leib und zur Sexualität ergab sich eine falsche Deutung des Hohenliedes und aus dieser wieder eine falsche Einstellung zur Sexualität.

Bis auf wenige katholische Ausleger ist diese allegorische Deutung heute aufgegeben. Allein schon die Tatsache, daß sie für vielerlei Beziehungen herhalten mußte, spricht gegen sie. Und überdies: Ist es schon ungeziemend – wie behauptet wird –, in der offenen Sprache des Hohenliedes über die Liebe zwischen Mann und Frau zu reden, so wäre es noch viel geschmackloser, ja geradezu blasphemisch, sie für das Verhältnis zwischen Jahwe und Israel oder Christus und der Kirche zu gebrauchen, man denke etwa an die freimütige Darstellung des Geliebten im 20. Lied (5,10-16).

Zwar wurden die durch eine jahrhundertelange Tradition sanktionierten Irrwege inzwischen weithin verlassen. Aber noch immer durften die Texte nicht vorurteilslos als Liebeslieder verstanden werden. Die meisten Ausleger bezogen sie nun auf die Hochzeit und eheliche Liebe. Daß es im Hohenlied Aussagen gibt, für die sich ein Bezug zur Hochzeit schlechterdings nicht herstellen läßt, bereitete ihnen dabei keine Schwierigkeiten. Im 9. Lied (2,8 ff) zum Beispiel, sagte man, erzähle die Braut auf der Hochzeit, was sich vor der Hochzeit ereignete. Im 11. Lied (3,1 ff) erzähle die Braut gar einen Traum, den sie früher als Mädchen einmal geträumt hat.

Diese mühsam errichtete Hilfskonstruktion des Traumes wird damit begründet, daß das darin geschilderte Verhalten des Mädchens gegen Sitte und Anstand verstoße. Ein solcher Traum habe keinen Realitätsbezug außer jenem, daß die Heirat den Wünschen des Mädchens entspreche. Aber gibt es überhaupt Träume ohne Realitätsbezug? Und ist es nicht gerade die Dichtung, die des Menschen Nacht- und Tagträume ernst nimmt und gestaltet? Daß solche Lieder in Israel gesungen wurden, macht doch allein schon wahrscheinlich, daß die Mädchen auch taten, was sie sangen. Offenbar galten die strengen Maßstäbe, die unsere Exegeten an diese Texte anlegten, zu ihrer Zeit nicht. Aber statt vom sittlichen Maßstab der Lieder ließen sich die Ausleger von ihrem eigenen leiten.

Die Ägypter hatten ähnliche Liebeslieder

Die Liebeslyrik Israels, wie sie uns im Hohenlied entgegentritt, steht im Alten Orient nicht isoliert da. Sie ist eingebettet in einen breiten Strom altorientalischer Liebesliteratur. Leider sind uns aus der babylonisch-assyrischen und aus der hethitischen Keilschriftliteratur nur spärliche Fragmente erhalten. Sie erlauben aber doch den Schluß, daß diese Völker Liebespoesie kannten.[2] Völlig fehlen uns außerbiblische Liebeslieder aus dem kanaanäisch-ugaritischen Raum. Welcher Beliebtheit und welcher literarischen Qualität sich aber hier die Liebeslyrik erfreute, beweist das biblische Hohelied in singulärer Weise. Wenn also der spätere arabische und persische Orient von Liebespoesie überquillt, setzt er nur altes Herkommen fort.

Ihre üppigste Entfaltung aber hat die Liebesdichtung im alten Ägypten gefunden, und sie hat zweifellos auch auf die Liebeslyrik Israels den stärksten Einfluß ausgeübt. Zwar sind uns auch diese Liebeslieder nur fragmentarisch erhalten. Was aber auf uns gekommen ist, ist heute jedem in ausgezeichneten Ausgaben zugänglich.[3]

Die ägyptischen Liebesgedichte sind, wenn wir an das hohe Alter der ägyptischen Literatur denken, verhältnismäßig spät niedergeschrieben worden, erst zwischen 1400 und 1100 vor Christus. Es war die Zeit, in der israelitische Stämme aus Ägypten auszogen und in

Palästina seßhaft wurden. Liebesdichtung fand im alten Ägypten auch deshalb besonders günstige Voraussetzungen, weil in keinem Land des Alten Orients die Frau sich solcher Wertschätzung und Freiheit erfreute wie in Ägypten, so daß sich Mann und Frau in der Liebe als zwei gleichberechtigte Partner gegenüberstanden. Wie eng sich die ägyptische Liebeslyrik in ihrer Sprache und Bilderwelt mit dem Hohenlied berührt, werden die Erläuterungen zu den einzelnen Liedern zeigen. Vor allem hat Ägypten drei Gattungen der Liebesdichtung mit dem Hohenlied gemein: – das Beschreibungslied, in dem mit Hilfe poetischer Vergleiche die körperliche Schönheit der oder des Geliebten und ihre Reize beschrieben werden; – das Tagelied oder Morgentrennungslied, das nach gemeinsam verbrachter Nacht den schmerzlichen Abschied am Morgen beklagt; – schließlich das Türklagelied, in dem der Liebende seiner Enttäuschung, seinem Schmerz und seinem Verlangen Ausdruck gibt, wenn er die Tür zum Haus oder Gemach der Geliebten verschlossen findet.

Eine weitere Besonderheit, die die ägyptische Liebesdichtung mit dem Hohenlied teilt, ist der Gebrauch der literarischen Travestie oder «Verkleidung». Sie besteht darin, daß die Liebenden sich in einen gesellschaftlich höheren oder tieferen Stand versetzen. Zum Beispiel übernehmen Liebende aus städtischen Bürgerkreisen die Rolle eines Ritters oder Königs, aber auch eines Hirten, eines Schäfers oder einer Weinberghüterin.

Die Liebe spricht in Bildern

Aber auch wenn wir heute in der Lage sind, den Text des Hohenliedes aus dem Geist und dem Alltag des alten Vorderen Orients zu verstehen, bleiben uns viele Einzelheiten fremd. Da sind zum Beispiel die Bilder von Pracht und Erhabenheit, die der Liebe einen fast überirdischen Anstrich geben. Es gibt auffallende, unwirkliche Farben, mit denen die beiden Liebenden beschrieben werden: der Geliebte ist «leuchtend rot», sein Kopf wird von einer Aureole von Gold umgeben, und auch seine Arme und der Standort der Gestalt sind golden (5,10-15). Sein Leib ist aus Elfenbein, und seine Beine sind aus Alabaster. Der Kopf des Mädchens ist so erhaben wie der Karmel, und sein Haar glänzt wie Purpur (7,6). Sie ist schön und prächtig wie die zwei luxuriösen Städte Tirza und Jerusalem, schön und verwirrend wie Himmelserscheinungen. Ratlos steht der Leser vor solchen großen Bildern, sie scheinen mit der sonst so oft beschworenen Zartheit und Lieblichkeit der Liebe nicht zusammenzupassen. Und sie gehen über die übliche Idealisierung weit hinaus, denn sie beflügeln die Phantasie, sich in ein Traumland zu begeben. Vor allem die Einführung von Sonne, Mond und Morgenröte und die Art, wie diese von oben herabschauen, wecken die Vorstellung von etwas überweltlich Erhabenem, als ob die Schönheit hier in die Nähe des Unnahbaren, Heiligen, Göttlichen rückte.

Hierher gehört auch die königliche Rolle, in die sich die beiden immer wieder versetzen, die schon erwähnte Königstravestie. Sie verleiht dem Liebespaar einen prächtigen Glanz. Was in der Liebesdichtung zur Sprache kommt, sind ja nicht die wirkliche Schönheit, die objektiven Vorzüge des geliebten Menschen, es sind vielmehr «gefärbte» Eindrücke. Der Liebende projiziert all das an Eigenschaften, Vorzügen und Liebenswertem in den Partner hinein, was er von ihm ersehnt und erwartet. Zugleich enthebt die Königsrolle die beiden den realen Verhältnissen, die man sich wohl einfach vorstellen mag. So wird das Mädchen «Fürstentochter» genannt, und wiederholt ist der Geliebte ihr «Pharao» (1,9), ihr «König» (1,4.12), mit dem sie in der Tafelrunde zu Tisch liegt (1,12), mit dem sie sich eine Thronhalle baut, aus kostbarsten Materialien (3,9f), ihr «Salomo» (3,7.9; wir würden sagen: ihr Märchenprinz). Am eindrücklichsten, wenn auch nicht eindeutig geklärt, ist das Bild von einem aus der Wüste heranziehenden feierlichen Zug, dessen Mittelpunkt offenbar die «Königin» ist. Warum kommen sie aus der Wüste? Was bedeuten die Rauchzeichen? Wozu die schwere Bewaffnung der begleitenden Krieger? Hier wird viel angedeutet, das meiste bleibt im Dunkeln und gibt dem Ganzen einen Hauch des Numinosen. Besonders der Hinweis auf die «Schrecken der Nacht», die vielleicht deshalb nicht genauer benannt werden, weil man sie nicht heraufbeschwören will, verleiht dem Bild etwas Unheimliches und Geheimnisvolles. Glück und Bedrohung des Glückes liegen nahe beisammen. Auch die Erfahrung des Todes kann vom Liebesgenuß nicht ausgeklammert werden: «Stark wie der Tod ist die Liebe» (8,6), und ebenso wird die Liebe mit der Flamme verglichen, die keine Wasser löschen können (8,7).

Dahinter verbirgt sich so etwas wie Selbstaufgabe, Verzehren und bedrohliche Vernichtung, die deutlich machen, daß die Liebe den Menschen verändert. Deshalb gehört die «Identität von Hochzeit und Tod» zu den Grundanschauungen der antiken Mysterien.[4]

Aber auch die Versetzung ins Hirtenmilieu gehört hierher. Mag sie für uns heute ungewöhnlich sein, in der Antike ist sie ein gern verwendetes literarisches Stilmittel. Die Hirtenidyllen Theokrits, die Bucolica Vergils und vor allem der Roman «Daphnis und Chloë» von Longus sind die bekanntesten Beispiele.[5] Ging es bei der Königstravestie um ein Vergessen des Alltags, der eigenen bescheidenen Verhältnisse, so steht hinter dem Bedürfnis, die Rolle von Hirten zu übernehmen, wohl eine Sehnsucht nach dem Natürlichen, eine Art Kulturflucht. Fast zwangsläufig ergibt sich daraus der Umgang mit Bildern und Vergleichen aus der Natur.

Jedoch führt nicht nur die verhüllende Sprache in phantastische Bereiche, es gibt Bilder, die direkt religiös-mythologische Motive ansprechen. Einige der im Hohenlied genannten Tiere und Pflanzen haben unmittelbar mit Göttern und Göttinnen zu tun, zum Beispiel die Taube (1,15; 4,1; 5,12). Sie war Kultemblem der kanaanäischen Liebesgöttin, der syrisch-phönikischen Astarte und der griechischen Aphrodite. Auch die Gazelle (2,9.17; 8,14 und die Beschwörungsformel 2,7; 3,5) ist Begleittier der Liebesgöttin. Und schließlich ist der Granatapfel ein klassisches Symbol für Fruchtbarkeit und Liebe. Zahlreich sind die Mythen, die sich um ihn ranken.[6] Solche Symbole aus den Mythen sind für den Eingeweihten Erkennungszeichen, die auf die Liebe verweisen.

Die Natur – ein Spiegel der Liebe

Von den vielen Vergleichen, die im Hohenlied eine Rolle spielen[7], sind die aus Landschaft und Natur die vielseitigsten. Das kann nicht überraschen, handelt es sich doch bei den Israeliten um naturbezogene Menschen. Berge, Täler, Weinberge, Wald, Gärten, Quellen und Flüsse bilden ihren Lebensraum, und ihr Rhythmus ist von Tages- und Jahreszeiten bestimmt. Kein Wunder also, daß sie das Wachsen und Vergehen in der Natur intensiv erleben. Der israelitische Mensch ist noch völlig in die Natur integriert. Er ist auf sie angewiesen, von ihr abhängig. Er erlebt sie als freundliches und bedrohliches Gegenüber. Natur ist also auch im Liebeslied zunächst der Lebensbereich: so etwa, wenn das Mädchen ihren Freund auffordert, mit ihm hinauszugehen in die Weinberge, aufs Feld, um dort ungestört mit ihm allein zu sein (7,12f), oder wenn das Mädchen ihn unter den anderen Hirten auf der Weide sucht (1,7f). Zugleich aber stellt die Natur dem Dichter Bilder für die Erlebnisse der individuellen Liebe bereit. Hierin gewinnt sie sozusagen eine zweite Realität.

Besonders eindrücklich ist das Bild vom Garten. Wenn das Mädchen gefragt wird:

Wohin ist dein Geliebter gegangen,
daß wir ihn suchen mit dir?

und es antwortet:

Mein Geliebter stieg in seinen Garten hinab
zu den Balsambeeten,
um in den Gärten zu weiden
und Blumen zu pflücken (6,1f),

oder wenn der junge Mann sagt:

In den Nußgarten stieg ich hinab,
zu schauen nach den Blumen im Tal,
zu schauen, ob der Weinstock treibt,
ob die Granaten blühen.

Ich kannte mich selbst nicht mehr … (6,11f),

so ging der Geliebte ganz sicher nicht in einen wirklichen Garten, um Blumen zu pflücken. Der Garten ist vielmehr ein Bild für den Schoß des Mädchens. Wie die Erde und der Acker steht der Garten in engster Beziehung zur Frau, ja er ist mit ihr identifiziert worden[8]. Der Garten ist einbezogen in die erhöhte Spannung zwischen Sehnsucht und Erfüllung, Entsagung und endlicher Vereinigung. Er liegt in einem tiefen, aber auch weiten Tal. Die Triebe und Blüten, die zu sprießen und blühen beginnen, die leuchtend roten Anemonen im satten Gras, der betäubende Duft ganzer Balsambeete, der Granatapfelbaum mit seinen unzähligen Früchten und Tausenden Fruchtbarkeit verheißender Kerne – sie bewirken eine erotische Atmosphäre, die Erfüllung, liebende Vereinigung nicht nur ermöglicht und bereitet, sondern auf sie hindrängt.[9] Immer aber bleibt das Gefühl gegenstandsbezogen.

Für den Orientalen ist der Garten überhaupt Inbegriff von Freude und Lust. Sorgfältig abgeschirmt, nicht durch eine Zisterne, sondern durch das lebendige Wasser eines Quells bewässert, mit duftenden Kräutern, Sträuchern und Bäumen bewachsen, ist er ein Bild für Wohlstand, Glück und Frieden. Nicht ohne Grund erleben die ersten Menschen nach biblischem Verständnis ungetrübtes Glück in einem Garten, den Gott selbst für sie angelegt hat (Gen 2,8-15). Kein Wunder also, daß der Garten auch Sinnbild für das Glück der Liebe, ja für den geliebten Menschen selbst wurde. Das Umgehen, Umsorgen, Pflegen, das Genießen, Erfrischen, Erfreuen und Ernten, das mit dem Garten verbunden ist, gehört auch zur Liebe. Denn so wie der Garten in seiner Umzäunung etwas Bergendes, Schützendes, Nährendes und Betäubendes an sich hat, so findet der Mann in seiner Geliebten Geborgenheit und Glück. Und als Inbegriff der Lust ist der Garten, Lustgarten, im Hohenlied das treffendste Bild für den Liebesgenuß (4,12.15 f; 5,1; 6,2; 8,13). Die Erotik erreicht ihren Höhepunkt, wenn der junge Mann zum Mädchen sagt: «Dein Schoß ist ein Park» (4,13).

Dennoch kennt das Hohelied keine Verinnerlichung der Natur, wie wir sie aus der modernen Lyrik gewohnt sind, wo der Mensch seine eigenen Gefühle, Freude, Trauer, Schmerz und Rausch, in die Natur verlegt (wir haben dafür in den Gedichten des jungen Goethe und der Romantik klassische Beispiele). Diese Verinnerlichung der Natur setzt eine Subjekt-Objekt-Spaltung voraus, die die altorientalische Dichtung nicht kennt. Der Mensch verlegt nicht seine Gefühle in die Natur, sondern die Natur ist voll von Zeichen und Hinweisen auf den Geliebten. Jede Blume, jeder Baum, jede Frucht, Weinberg, Bach, Tal, Felsklüfte und Gebirge – alles spricht von der Liebe, erinnert an den Geliebten. Die Natur, die der israelitische Mensch so vorfindet, wie sie ist, bedarf keiner Erklärung und Begründung. Bilder aus ihrem Bereich leuchten unmittelbar ein. So wird der Mensch verständlich durch die Natur.[10]

Das Liebeslied als Kunstlied

Fremd muten uns jedoch nicht nur bestimmte Inhalte des Hohenliedes an. Auch die sprachliche Gestaltung bedarf der Erklärung. Wir haben es mit Lyrik zu tun, aber diese Lyrik ist anders, als wir es gewohnt sind. Zwar wird hier auch erlebtes Gefühl dargestellt, aber nicht so, daß der Dichter eine verschmelzende Stimmung erzeugt. Wir haben hier vielmehr eine Kunstsprache vor uns, die mit festgelegten Elementen arbeitet. Im gesamten Vorderen Orient wird immer die gleiche Metaphorik verwendet, zum Beispiel galt die Palme beharrlich als erotisches Symbol für das Mädchen und ist als solches auf unzähligen Reliefs nachgewiesen. Nicht ohne Grund ist Tamar (= Palme) ein häufiger israelitischer Mädchenname. Kein Lyriker konnte es sich leisten, neue individuelle Bilder einzuführen. Seine Kunst bestand vielmehr darin, die überlieferten Bilder in einen anderen Zusammenhang zu stellen und ihnen damit eine überraschende Wendung zu geben. Als großartiges Beispiel für die festgelegte Metaphorik kann das Beschreibungslied 5,10-16 (20. Lied) gelten. Die ganze Beschreibung des Geliebten besteht aus einem einzigen Satz. So als könnte das Mädchen nicht mehr aufhören, seine Schönheit zu preisen, folgt ein Eindruck auf den anderen. Nicht nur einzelne Bilder, sondern ganze Bildketten werden aneinandergereiht. Dadurch entsteht eine große strömende Bewegung, die wellenförmig alles mitreißt, bis sie am Ende zur Ruhe kommt in der bewegenden Bestätigung: «So ist er.»

Die Bildketten setzen sich aus vielen einzelnen Vergleichen zusammen. Vergleiche verwendet man ja immer dann, wenn einem die Worte fehlen, um die Wirklichkeit angemessen darzustellen. Hier bringt jede Zeile einen neuen Vergleich, und jeder besteht, streng gegliedert, nur aus den beiden Vergleichsgrößen: Bild und Wirklichkeit, zum Beispiel: «Sein Haupt ist feinstes Gold», oder: «Seine Lippen sind Blumen.» Oft haben wir dabei Mühe, das tertium comparationis, das den beiden Vergleichspunkten Gemeinsame, festzustellen. Und doch erklären sich Bild und Vergleich gegenseitig. Das liegt nicht zuletzt am Nominalstil, in dem das Hohelied geschrieben ist. Er verleiht den Aussagen etwas Statisches, Markantes, Holzschnittartiges. Verstärkt wird dieser Eindruck noch, wenn Gegenstand und Vergleichsbild unverbunden nebeneinandergestellt werden: «Seine

Augen (sind) Tauben» (5,12, vgl. auch 1,15; 4,1). Augen und Tauben rücken ganz eng aneinander, sie werden geradezu identisch. Eines steht für das andere.

Betrachten wir die Vergleiche im einzelnen, so stellen wir fest, daß die verwendeten Metaphern sehr konkret, ja bis ins Detail genau sind. Für das Mädchen überwiegen Bilder aus der Natur, für den Mann kommen Vergleiche aus der Architektur hinzu. Oft sind sie auf Einzelheiten geradezu angelegt, zum Beispiel wenn die Zähne des Mädchens mit einer Herde von Schurschafen verglichen werden. Dies aber reicht dem Dichter noch nicht, es sind Schurschafe, die gerade aus der Schwemme steigen. Und auch damit nicht genug, sie haben alle Zwillinge oder zumindest ein Junges (4,2).

Oder wenn der Schoß des Mädchens als Park bezeichnet wird und in diesem Park dann alle seine Bäume und Pflanzen einzeln genannt sind (4,13). Da verselbständigen sich dann schon einmal die Bilder, so wie wir es von Homer gewohnt sind. Eine Freude, die Dinge einfach zu benennen und in großer Fülle aufzuzählen, reißt den Leser mit. Andererseits wiederum verleiht die Fülle der Metaphern den einzelnen Aussagen etwas Fließendes, Ungenaues. Die Metapher besteht ja gerade darin, daß sie ein Wort in einem ihm von Haus aus nicht zukommenden Sinn verwendet. Damit geht die Eindeutigkeit verloren, Nebenvorstellungen und Gefühle beteiligen sich.

Diese Mischung von Präzision und Mehrdeutigkeit macht nicht zuletzt den Reiz der Dichtung aus. Denn die Verhüllung der Wirklichkeit durch das Metaphorische wirkt sich auf die inhaltliche Aussage aus. Auch hier gibt es das Wechselspiel zwischen uneigentlichen Andeutungen und frappierender Offenheit. Unverhohlen begehrt das Mädchen die Küsse des Geliebten: «Wenn er mich doch küßte mit den Küssen seines Mundes!» (1,2) und erklärt: «Ich genieße deinen Mund wie besten Wein» (7,10). Sie fordert ihn auf: «Komm, wir gehen hinaus aufs Feld und nächtigen in den Zyperblumen, dort schenke ich dir meine Liebe» (7,12f). Letzten Endes aber sind nur Bilder und Metaphern geeignet, Erfahrungen der Liebe mitzuteilen, ohne ins Banale, Schwärmerische oder Pornographische abzugleiten. Nur in der Bildersprache lassen sich die Spannungen einer solchen Liebe: Zartheit und Gewalt, Glück und Tod, Verlangen und Erfüllung, Angezogenwerden und ängstliche Flucht einfangen, nur in ihr läßt sich die Einmaligkeit der Liebe, aber zugleich auch ihre Allgemeingültigkeit aussagen. Diese Kombination von Offenheit und Verhüllung ermöglicht die unkomplizierte, selbstverständliche Einstellung zur Sexualität, die dem Hohenlied eigen ist.

Liebe ist Erfahrung von Gott und Tod

Die metaphorische Sprache sagt etwas aus, was auf andere Weise nicht ausgesagt werden kann, und sie sagt zugleich mehr aus, als die begriffliche Sprache auszusagen vermag. So können wir von Gott oder vom Tod nur in Bildern sprechen, weil beides unsere Erfahrung und unser Begreifen übersteigt. Und ebenso ist es mit der Liebe. Das ist kein Zufall, denn die Erfahrungen mit Gott, Liebe und Tod haben manches gemeinsam. Sie weisen oder führen den Menschen über sich selbst hinaus. Am deutlichsten wird ihm das bei der Liebe. In der sexuellen Vereinigung mit dem geliebten Menschen wird die Ich-Grenze aufgehoben, die eigene Identität erschüttert, die Zeit angehalten. Ein starkes Gefühl von Getragensein, Ergriffenheit und feierlicher Bedeutsamkeit entgrenzt die Liebenden, um sie dann, gestärkt durch ein neues Erleben seiner selbst und des Geliebten, wieder in die Realität zurückzupendeln. Bei den Mystikern gehen sogar alle drei Erfahrungen mit Gott, Liebe und Tod ineinander über. Die symbiotische Verschmelzung mit dem Göttlichen wird oft als Todessehnsucht beschrieben, nicht selten auch in erotische Bilder gefaßt. So sind die geistlichen Liebeslieder der Mechthild von Magdeburg (um 1207/10–1282/83) voller Erotik. Sie läßt sich von Jesus anreden:

Deines Herzens Lust sollst du nirgendhin legen
Denn in mein göttlich Herze
Und an meine menschliche Brust.
Da allein wirst du getröstet
Und von meinem Geiste gekußt.[11]

Und Johannes vom Kreuz (1542–1591) beschreibt in seiner Schrift «Die dunkle Nacht» die Begegnung seiner als Frau dargestellten Seele mit Gott:

An meinem blühenden Herzen,
das unversehrt ich stets für ihn bewachte,
sank er in tiefen Schlummer,
indes ich für ihn wachte
und mit dem Zederzweig ihm Kühlung fachte.

Als bei der Morgenröte Wehen
ich sein Haar durchspielte,
ließ sanft um meinen Nacken
er seine Rechte gleiten,
mir schwanden alle Sinn' in Seligkeiten.

Von heilger Wonne trunken
durft ich mein Haupt auf den Geliebten lehnen.
Die Welt war mir entsunken,
gefriedet all mein Sehnen,
vergessen unter weißen Lilien.[12]

Die Sehnsucht nach einer möglichst intensiven Nähe zu Gott, nach einem Aufgehen in der Transzendenz findet hier ihren Ausdruck in erotischem Erleben. Beide Erfahrungen, die mystische und die erotische, enthalten zugleich Phantasien, die den Tod vorausnehmen.[13] «Im Moment des tiefsten Ganzheitserlebnisses, des größten Gefühls von Lebendigkeit, wird auch die Anwesenheit des Todes gespürt, denn es wäre kein Erlebnis der Ganzheit, wenn nicht Leben und Tod miteinander erfahrbar wären.»[14] Das ist wohl auch der tiefere Sinn des dunklen Wortes: «Stark wie der Tod ist die Liebe» (8,6).

Man muß sich klar darüber sein, daß es ohne das Hohelied diese Sprache der Mystik nicht gegeben hätte. Allerdings unter der schmerzlichen Einschränkung, daß die Metaphern nun nicht mehr als Bilder für die konkrete erotisch-sexuelle Liebe zwischen Mann und Frau, sondern allegorisch verstanden wurden. Allegorie aber heißt, daß der unmittelbare, wörtliche Sinn einer Aussage einer übertragenen, höheren Wirklichkeit dienstbar gemacht wird. Im Fall des Hohenliedes heißt das: Die Lieder besingen nicht mehr die Liebe zwischen Mann und Frau, sondern zwischen Jahwe und Israel oder Gott und der menschlichen Seele. War die Liebe in der Mystik noch eindeutig erotisch bestimmt, so verschob sich das Verständnis der Hohelied-Metaphorik ins rein Spirituelle. Damit aber war die ursprüngliche Dimension aufgegeben.

Die Liebe ist in sich gut…

Die erotische Liebe ist das einzige Thema des Hohenliedes. Ihr gilt aller Preis, unabhängig von irgendwelchen Interessen und Konsequenzen wie Ehe und Kind. Sie ist in sich selbst das köstlichste Gut dieser Welt. Zwar ist auch die Liebe des Hohenliedes nicht unproblematisch und ungefährdet. Es erscheint nicht nur die helle, leuchtende, hinreißende Seite der Liebe. Viele Bilder sind wie eine dunkle Folie, auf der das Licht um so heller erstrahlt. Schon die Sehnsucht und das Verlangen haben ja einen ambivalenten Charakter. Sie wirken ungemein beflügelnd, kreativ, lebensstärkend, aber sie können auch sehr quälen und schmerzen. Das zeigt das Bild von der Wildtaube in den felsigen Klüften – der junge Mann hätte sie gern als Turteltaube mit zarten Blicken und fügsam für seine Liebkosungen (2,13). Umgekehrt: Fürchtet der Geliebte sich plötzlich vor seinem Mut, vor zu großer Nähe, daß er unversehens wegläuft (5,6)? Feindlich steht dem Mädchen, das seinen Geliebten sucht, die Gesellschaft gegenüber – in den Wächtern, in den «Töchtern Jerusalems».

Aber da sind noch andere Gefahren. Sie lauern in Gestalt von Löwen, Panthern und Füchsen. Gebärden Löwen und Panther sich aggressiv, so sind die Füchse ein sexuelles Symbol. Das Mädchen soll von herumlungernden jungen Männern abgeschirmt werden. In einem anderen Lied (3,6-8) kommt aus der Wüste, die für Israel immer unheimlich und bedrohlich ist, ein Hochzeitszug. Der Mond und die Sterne strahlen ja nur auf dem Hintergrund der dunklen Nacht so tröstlich, das Erwachen der Liebe im Frühling kennt die Erfahrung des Winters. Und immer wieder müssen die beiden Liebenden auf die öffentliche Meinung Rücksicht nehmen. Dennoch geben sie sich ganz der Liebe hin, unbekümmert um moralische und juridische Folgen. Wenn im Alten Testament sittliches Fehlverhalten dargestellt wird, wie der Brudermord des Kain, der Betrug der Brüder Josefs, der Ehebruch Davids, dann läßt der Erzähler nie einen Zweifel darüber aufkommen, daß er dieses Tun verurteilt. Der im Hohenlied dargestellten Liebe gegenüber deutet jedoch weder die

Dichtung selbst noch ein anderer Text des Alten und Neuen Testaments irgendeinen Vorbehalt an. Unermüdlich wird die körperliche Schönheit des Mannes und vor allem des Mädchens gepriesen, die offenbar für die Liebe das auslösende Moment darstellt: «Schön bist du, mein Geliebter» (1,16), «schön bist du, meine Freundin, schön bist du» (1,15; 4,1; 6,4), «schön sind deine Wangen» (1,10), «wie bist du schön» (7,7), «rundum bist du schön» (4,7). Das Hohelied steht hier durchaus in der Tradition des Alten Testaments, das für menschliche Schönheit ein ausgeprägtes Empfinden hat, wenn es etwa von David erzählt, er habe schöne Augen gehabt (1 Sam 16,12) und eine schöne Gestalt (1 Sam 17,42), und von Abschalom, er sei der schönste Mann in ganz Israel gewesen (2 Sam 14,25), wenn es aber vor allem von einer ganzen Reihe von Frauen ausdrücklich feststellt, sie seien schön und sehr schön gewesen, so Sara (Gen 12,11.14), Rebekka (Gen 24,16), Rahel (Gen 29,17), Abigajil (1 Sam 25,3), Batscheba (2 Sam 11,2), die beiden Tamar (2 Sam 13,1; 14,27), Abischag (1 Kön 1,4), Ester (Est 2,7).

Indes bleibt es im Hohenlied nicht bei der äußeren Bewunderung der Schönheit, diese wird zur personalen Erfahrung: «Wie schön ist das Spiel deiner Liebe!» (4,10), ja das Mädchen hat keine Hemmungen zu erklären, es sei «krank vor Liebe» (5,8). Die Liebeshingabe ist eine Blumenwiese (6,2f.11), ein Garten, dessen Düfte die Winde aufwehen (4,16-5,1), ein Rausch von Wein, den die Liebenden in solcher Fülle genießen, daß er ihnen im Schlaf von den Lippen tropft (7,10), ja sie wird zur Ekstase, bei der die Sinne schwinden (6,12).

Dabei handelt es sich um eine Liebe, die sich nicht im Rahmen der Ehe abspielt. Meist treffen sich die Liebenden im Freien. So werden die Töchter Zions aufgefordert herauszukommen (3,11), das Mädchen erklärt: «Unser Lager ist Laub, die Balken unseres Hauses sind Zedern, unsere Dachsparren sind Zypressen» (1,16f), und sie lädt ihren Freund ein: «Komm, mein Geliebter, wir gehen hinaus aufs Feld, dort schenke ich dir meine Liebe» (7,12f). Auch wird angedeutet, daß diese Zusammenkünfte zeitlich begrenzt und immer schon von der bevorstehenden Trennung überschattet sind. «Bis der Tag heranweht und die Schatten fliehen, komm her, mein Geliebter», so fordert das Mädchen zur Liebe auf (2,17), und die beiden bitten nur, daß man sie diese kurze Zeit ihrer Freude ungestört überlasse: «Stört nicht die Liebe, bis sie selbst es will» (2,7; 3,5).

Wir haben es mit zwei unverheirateten Menschen zu tun, und nichts läßt erkennen, daß sie überhaupt daran denken, eine Ehe zu schließen. Es geht im Hohenlied einzig und allein um die Freude, die zwei junge Menschen aneinander haben, und um den Liebesgenuß. Darum spielen das Drängen zueinander hin und die unerfüllte Sehnsucht eine so große Rolle. Alle möglichen Kniffe müssen die beiden anwenden, um zusammenzukommen, und die heiß ersehnte Erfüllung hat nichts mit einer «gottgewollten Ehe» gemein. Das Mädchen sucht den Geliebten auf dem Weideplatz und erkundigt sich, wo er wohl sein könnte (1,7f); es verlangt, im «Schatten» des Geliebten zu sitzen (2,3); es sehnt sich nach ihm auf seinem Lager eine lange Nacht und macht sich schließlich auf, ihn in der Nacht zu suchen, was dem Verhalten einer Ehefrau schwerlich entspricht (3,1ff).

Zwar wird im ganzen Hohenlied Gott nie genannt. Und doch – so möchten wir sagen – ist er stets gegenwärtig. Wenn der Geliebte als König und als Hirt erscheint, Titel, die im übertragenen Sinn von Jahwe gebraucht werden (König: Dtn 33,5; Jes 6,1ff; 41,21 u. ö.; Hirt: Ps 23,1 u. ö.), wenn der Vollzug der Liebe als königliches Abendmahl dargestellt wird (1,12), womit in den Evangelien das Himmelreich bezeichnet wird (Mt 22,1-10; Lk 14,15-24), dann ist allein schon die Austauschbarkeit der Bilder Hinweis auf einen religiösen Sinngehalt. Mehr noch ist es die Erfahrung, daß die Liebe ein den Menschen immer wieder zutiefst erschütterndes Erlebnis ist, das die eigene Zerrissenheit und Einseitigkeit überwindet und insofern über die individuelle Beziehung hinausweist.

... aber sie muß verantwortet sein

Das Hohelied legitimiert die durch keine Ehe abgesicherte Liebe zwischen Mann und Frau. Damit macht sich die Bibel, wie H. Gollwitzer sagt, «zur Verbündeten aller Liebenden, die keine andere Legitimation haben als die Liebe».[15] Wir haben es mit zwei Menschen zu tun, die in einer personalen Beziehung zueinander stehen. «Mein Geliebter ist mein und ich bin sein», beteuert das Mädchen immer wieder (2,16; 6,3; 7,11). Es denkt nur an ihn, sehnt sich nur nach ihm, sucht nur ihn. Es kann sich nicht vorstellen, daß es einem anderen gehören, einem anderen sich hingeben könnte. Ebenso gibt es für ihn nur «seine Freundin» (1,15 u. ö.), «seine Schöne» (2,10), «seinen Garten» (5,1), nur ihre Stimme ist für ihn süß (2,14). Die personale Beziehung ist in der Liebe entscheidend, sie bestimmt ihre moralische Qualität, auch wenn von ewiger Dauer keine Rede ist. Die Entschiedenheit und der Ernst, mit denen Liebe dann gelebt wird, kann in einer außerehelichen Beziehung da sein und in einer ehelichen fehlen. Auf sie allein aber kommt es an.

Anmerkungen

1 Vergleichbar wäre das mittelhochdeutsche hōch(ge)zīt (= hohe Zeit), das erst später auf Hochzeit im heutigen Verständnis eingeengt wurde, ursprünglich aber jedes weltliche oder kirchliche Fest bezeichnete.

2 Vgl. B. Meißner, Die babylonisch-assyrische Literatur, Potsdam 1930, 38; H.G. Güterbock, Hethitische Literatur, in: W. Röllig (Hg.), Neues Handbuch der Literaturwissenschaft, Bd. 1, Wiesbaden 1978, 243; E. Reiner, Die akkadische Literatur, ebd. 186.

3 Vor allem S. Schott, Altägyptische Liebeslieder und Märchen, Zürich 1950; A. Hermann, Altägyptische Liebesdichtung, Wiesbaden 1959.

4 K. Kerényi, Das Ägäische Fest, Wiesbaden [3]1950, 55.

5 Vgl. dazu bei F. Dornseiff, Antike und Alter Orient, Leipzig [2]1959, das Kapitel: Ägyptische Liebeslieder, Hoheslied, Sappho und Theokrit, 189-202.

6 Siehe J. Wiesner, Art. Granatapfelbaum, in: Lexikon der Alten Welt, Zürich/Stuttgart 1965, 1134; J. Engemann, Art. Granatapfel, in: Reallexikon für Antike und Christentum, Bd. 11, 689-718.

7 G. Gerleman, Ruth. Das Hohelied, Neukirchen 1965 (Bibl. Kommentar), 66f, hat sie systematisch gesammelt: Landschaftsbezeichnungen, Begriffe der Architektur, Ausdrücke aus dem Juwelier- und Kunsthandwerk, Bezeichnungen aus der Botanik und Zoologie.

8 Vgl. G. van der Leeuw, Phänomenologie der Religion, Tübingen [3]1970, 86-99: «Die Erde ist eine Frau, und die Frau ist die Erde» (87).

9 Siehe dazu L. Krinetzki, Die erotische Psychologie des Hohenliedes: Theol. Quartalschrift 150, 1970, 404-416.

10 Vgl. dazu bei W. Killy, Elemente der Lyrik, München 1972, das Kapitel: Natur, 5-20, vor allem 8 f.

11 Zit. nach J. Bernhart, Der stumme Jubel, München/Heidelberg [3]o. J., 161.

12 Übersetzung nach M. Diepenbrock bei J. Bernhart, a. a. O. 315 f, mit einigen Abänderungen nach dem spanischen Originaltext.

13 V. Kast, Trauern. Phasen und Chancen eines psychischen Prozesses, Stuttgart 1982, spricht deshalb von «antizipatorischen Phantasien» (128).

14 V. Kast, ebd. 129.

15 Das hohe Lied der Liebe, München 1978, 25.

Das Hohe Lied der Liebe

1. Lied/1, 2-4

2 *Wenn er mich doch küßte mit den Küssen seines Mundes!*
Denn besser als Wein ist deine Liebe.

3 *Ja, gut duften deine Salben.*
Dein Name ist feinstes Öl.
Deshalb lieben dich die Mädchen.

4 *Nimm mich mit! Laufen wir weg!*
Der König führt mich in sein Gemach.
Wir wollen jubeln und uns freuen an dir,
das Spiel deiner Liebe mehr preisen als Wein.
Mit Recht lieben sie dich.

2. Lied/1,5-6

5 *Schwarz bin ich und doch schön,*
ihr Töchter Jerusalems,
wie die Zelte von Kedar,
wie die Zelttücher von Schalma.

6 *Schaut mich nicht so an, weil ich schwarz bin,*
weil die Sonne mich verbrannt hat.

Die Söhne meiner Mutter waren mir böse,
ließen mich die Weinberge hüten.
Meinen Weinberg habe ich nicht gehütet.

7 *Sag mir, du, den ich so innig liebe:*
Wo weidest du? Wo lagerst du am Mittag?
Warum soll man denken,
ich striche umher
bei den Herden deiner Gefährten? 3. Lied/1,7-8

8 *Wenn du es nicht weißt, Schönste der Frauen,*
so folge den Spuren der Herden
und weide deine Zicklein,
wo die Hirten lagern!

4. Lied/1,9-11

9 *Wie eine Stute am Wagen des Pharao*
kommst du mir vor, meine Freundin.

10 *Schön sind deine Wangen zwischen den Kettchen,*
dein Hals in der Perlenschnur.

11 *Goldene Kettchen machen wir dir*
mit silbernen Perlen.

5. Lied/1,12-14

12 *Solange der König in der Tafelrunde liegt,*
gibt meine Narde ihren Duft.

13 *Ein Myrrhesäckchen ist mir mein Geliebter,*
zwischen meinen Brüsten nächtigt er.

14 *Eine Zyperdolde ist mir mein Geliebter*
aus den Weinbergen von En-Gedi.

15 *Schön bist du, meine Freundin,*
schön bist du!
Deine Augen sind Tauben.

16 *Schön bist du, mein Geliebter,*
verlockend,
und Laub ist unser Lager,

17 *Zedern die Balken unseres Hauses,*
Zypressen unsere Dachsparren.

Marc
Chagall 1958

7. Lied/2,1-3

1 *Ich bin die Narzisse des Scharon,*
die Blume in den Tälern.

2 *Wie eine Blume unter den Disteln,*
so ist meine Freundin unter den Mädchen.

3 *Wie ein Apfelbaum unter den Waldbäumen,*
so ist mein Geliebter unter den Burschen.

In seinem Schatten möchte ich sitzen,
süß ist seine Frucht meinem Gaumen.

8. Lied/2,4-7

4 *In die Weinstube führte er mich,*
und auf dem Schild über mir steht «Liebe».

5 *Stärkt mich mit Traubenkuchen,*
erquickt mich mit Äpfeln,
denn krank bin ich vor Liebe!

6 *Sein linker Arm liegt unter meinem Kopf,*
mit seinem rechten umarmt er mich.

7 *Ich beschwöre euch, Töchter Jerusalems,*
bei den Gazellen und bei den Hinden des Feldes:
Stört nicht die Liebe,
schreckt sie nicht auf,
bis sie selbst es will!

9. Lied / 2,8-14

8 *Hört! Mein Geliebter –*
da kommt er!
Er springt über Berge,
hüpft über Hügel.

9 *Mein Geliebter ist wie die Gazelle,*
wie der junge Hirsch.

Schon steht er hinter der Mauer,
schaut durch das Fenster,
guckt durch das Gitter.

10 *Mein Geliebter singt mir zu:*
Steh auf, meine Freundin,
meine Schöne, und komm!

11 *Schau doch, der Winter ist vorüber,*
der Regen ist dahin, vorbei.

12 *Die Blüten erscheinen im Land,*
die Zeit des Rebschnitts ist da,
und das Gurren der Turteltaube
ist zu hören bei uns im Land.

13 *Der Feigenbaum treibt seine Feigen,*
die Reben blühen und duften.

Steh auf, meine Freundin,
meine Schöne, und komm!

14 *Meine Taube in den felsigen Klüften,*
im Versteck der Steilwand:
Laß mich dich anschauen,
laß mich deine Stimme hören!

Denn deine Stimme ist süß,
und schön siehst du aus.

10. Lied/2,15-17

15 *Fangt uns die Füchse, die kleinen Füchse!*
Sie verwüsten die Weinberge,
wo unser Weinberg doch blüht!

16 *Mein Geliebter ist mein und ich bin sein.*
Er weidet in den Blumen.

17 *Bis der Tag heranweht und die Schatten fliehen,*
komm, mein Geliebter,
tu's der Gazelle gleich, dem jungen Hirsch,
auf den geteilten Bergen!

1 *Auf meinem Lager eine lange Nacht* 11. Lied/3,1-5
suchte ich, den ich so innig liebe.
Ich suchte ihn, und ich fand ihn nicht.

2 *Aufstehen will ich und die Stadt durchstreifen,*
die Gassen und die Plätze,
ihn suchen, den ich so innig liebe.

Ich suchte ihn, und ich fand ihn nicht.

3 *Ich stieß auf die Wächter*
bei ihrer Runde durch die Stadt:
Den ich so innig liebe,
habt ihr ihn gesehen?

4 *Kaum war ich an ihnen vorbei,*
da fand ich ihn, den ich so innig liebe.

Ich hielt ihn fest und ließ ihn nicht mehr los,
bis ich ihn ins Haus meiner Mutter gebracht,
in die Kammer, wo sie mich gebar.

5 *Ich beschwöre euch, Töchter Jerusalems,*
bei den Gazellen und bei den Hinden des Feldes:

Stört nicht die Liebe,
schreckt sie nicht auf,
bis sie selbst es will!

6 *Wer kommt da herauf aus der Wüste,*
wie Säulen von Rauch,
umduftet von Myrrhe und Weihrauch
und allen Gewürzen des Handels?

7 *Das ist ja Salomos Sänfte,*
sechzig Helden um sie herum
von Israels Helden,

8 *alles Schwertträger, im Kampf geübt,*
jeder sein Schwert an der Hüfte
gegen die Schrecken der Nacht.

9 *Eine Thronhalle machte König Salomo sich* 13. Lied/3,9-10
aus Libanonholz:

10 *Ihre Säulen aus Silber,*
ihre Decke aus Gold,
ihr Thronsitz aus Purpur,
ihr Inneres ausgelegt mit Liebe
von den Töchtern Jerusalems.

11 *Kommt heraus, Töchter Zions,* 14. Lied/3,11
und seht den König Salomo mit dem Kranz!

Damit bekränzte ihn seine Mutter
am Tag seiner Hochzeit,
am Tag seiner Herzensfreude.

15. Lied/4,1-7

1 *Schön bist du, meine Freundin,*
schön bist du!

Deine Augen sind Tauben hinter dem Schleier,
dein Haar ist wie eine Herde Ziegen,
die vom Bergland Gilead herabkommt.

2 *Deine Zähne sind wie eine Herde Schurschafe,*
die aus der Schwemme steigen,
alle mit Zwillingen,
keins ohne Junges.

3 *Wie ein rotes Band sind deine Lippen,*
und dein Mund ist lieblich.

Wie ein Riß im Granatapfel ist deine Schläfe
hinter deinem Schleier.

4 *Wie der Turm Davids ist dein Hals,*
zur Wehr gebaut.
Tausend Schilde hängen daran,
lauter Rundschilde von Helden.

5 *Deine beiden Brüste sind wie zwei Zicklein,*
Zwillinge der Gazelle.
(Sie weiden in den Blumen.)

6 *Bis der Tag heranweht und die Schatten fliehen,*
gehe ich zum Myrrhenberg,
zum Weihrauchhügel.

7 *Rundum bist du schön, meine Freundin,*
und kein Fehl ist an dir.

16. Lied/4,8

8 *Mit mir vom Libanon, Braut,*
mit mir vom Libanon kommst du,
steigst ab vom Gipfel des Amana,
vom Gipfel des Senir und des Hermon,
von den Lagern der Löwen,
von den Bergen der Panther.

9 *Verzaubert hast du mich, meine Schwester Braut,* 17. Lied/4,9-11
verzaubert hast du mich schon mit einem (Blick)
deiner Augen,
schon mit einer Kette von deinem Hals.

10 *Wie schön ist das Spiel deiner Liebe,*
meine Schwester Braut,
wie gut ist das Spiel deiner Liebe,
besser als Wein,
wie gut ist der Duft deiner Salben,
besser als alle Düfte von Balsam.

11 *Honigseim triefen deine Lippen, Braut,*
Honig und Milch sind unter deiner Zunge,
und der Duft deiner Kleider
ist wie der Duft des Libanon.

18. Lied/4,12-5,1

12 *Ein verschlossener Garten ist meine Schwester Braut,*
ein verschlossener Garten, ein versiegelter Quell.

13 *Dein Schoß ist ein Park von Granatbäumen*
mit allerbesten Früchten,
Zyperblumen samt Narde,

14 *Narde und Safran, Kalmus und Zimt*
mit allen Weihrauchbäumen,
Myrrhe und Aloe
mit allen Balsambäumen.

15 *Der Gartenquell ist ein Brunnen lebendigen Wassers,*
wie es vom Libanon rinnt.

16 *Nordwind, wach auf,*
Südwind, komm,
durchwehe meinen Garten,
daß seine Düfte strömen!

Mein Geliebter komme in seinen Garten
und esse von seinen allerbesten Früchten!

1 *Ich komme in meinen Garten, meine Schwester Braut,*
ich pflücke meine Myrrhe und meinen Balsam,
ich esse meine Wabe und meinen Honig,
ich trinke meinen Wein und meine Milch.

Eßt, Freunde, trinkt,
und berauscht euch an der Liebe!

Marc
Chagall

19. Lied/5,2-8

2 *Ich schlief, aber mein Herz war wach.*
Horch, da klopft mein Geliebter:
Mach auf, meine Schwester, meine Liebste,
meine Taube, mein Ein und Alles.
Denn mein Kopf ist voll Tau
und meine Locken voller Tropfen der Nacht.

3 *Ich habe mein Hemd schon ausgezogen,*
wie soll ich es wieder anziehen?
Ich habe die Füße schon gewaschen,
wie soll ich sie wieder beschmutzen?

4 *Mein Geliebter streckte seine Hand durch die Luke,*
da drängte mein Leib zu ihm hin.

5 *Ich stand auf, meinem Geliebten zu öffnen,*
und meine Hände troffen von Myrrhe,
meine Finger von Myrrhenöl
auf den Griffen des Riegels.

6 *Ich machte meinem Geliebten auf,*
aber mein Geliebter war weg, war fort.

Ich war außer mir, als er weglief,
ich suchte ihn, und ich fand ihn nicht,
ich rief ihn, und er gab keine Antwort.

7 *Ich stieß auf die Wächter bei ihrer Runde durch die Stadt.*
Sie schlugen mich, verletzten mich,
rissen mir mein Kopftuch weg,
die Wächter der Mauern.

8 *Ich beschwöre euch, Töchter Jerusalems,*
wenn ihr meinen Geliebten findet,
was wollt ihr ihm sagen?
Daß ich krank bin vor Liebe.

20. Lied / 5,9-16

9 *Was hat dein Geliebter mehr als sonst ein Geliebter,*
Schönste der Frauen?
Was hat dein Geliebter mehr als sonst ein Geliebter,
daß du uns derart beschwörst?

10 *Mein Geliebter ist leuchtend rot,*
unter Tausenden fällt er auf.

11 *Sein Haupt ist feinstes Gold,*
seine Locken Dattelrispen,
rabenschwarz,

12 *seine Augen wie Tauben an Wasserbächen,*
die baden in Milch, sitzen an vollen Becken,

13 *seine Wangen wie Balsambeete,*
darin Würzkräuter wachsen,
seine Lippen sind Blumen,
sie triefen von Myrrhenöl,

14 *seine Arme goldene Ringe,*
besetzt mit Tarschisch,
sein Leib ein Kunstwerk aus Elfenbein,
bedeckt mit Saphiren,

15 *seine Schenkel Säulen von Alabaster,*
die stehen auf goldenen Sockeln,
er sieht aus wie der Libanon,
auserwählt wie Zedern,

16 *sein Gaumen ist lauter Süße,*
und alles an ihm ist Lust.

So ist mein Geliebter, so ist mein Freund,
Töchter Jerusalems!

21. Lied/6,1-3

1 *Wohin ist dein Geliebter gegangen,*
Schönste der Frauen?
Wo ist dein Geliebter hin,
daß wir ihn suchen mit dir?

2 *Mein Geliebter stieg in seinen Garten hinab,*
zu den Balsambeeten,
um in den Gärten zu weiden
und Blumen zu pflücken.

3 *Ich gehöre meinem Geliebten*
und mein Geliebter mir.
Er weidet in den Blumen.

4 *Schön bist du, meine Freundin, wie Tirza,*
prächtig wie Jerusalem,
verwirrend wie Trugbilder.

5 *Wende deine Augen weg von mir,*
denn sie regen mich auf.

Dein Haar ist wie eine Herde Ziegen,
die vom Gilead herabkommt.

6 *Deine Zähne sind wie eine Herde Schafe,*
die aus der Schwemme steigen,
alle mit Zwillingen,
keins ohne Junges.

7 *Wie ein Stück Granatapfel ist deine Schläfe*
hinter deinem Schleier.

23. Lied/6,8-9

8 *Sechzig Königinnen, achtzig Nebenfrauen*
und Mädchen ohne Zahl.

9 *Aber eine ist meine Taube,*
mein Ein und Alles.
Sie ist die einzige ihrer Mutter,
ihr Liebling.

Es sahen sie die Mädchen und priesen sie,
die Königinnen und Nebenfrauen, und rühmten sie.

24. Lied/6,10

10 *Wer ist sie,*
die da herabschaut wie die Morgenröte,
schön wie der Mond,
strahlend wie die Sonne,
verwirrend wie Trugbilder?

25. Lied / 6,11-12

11 *In den Nußgarten stieg ich hinab,*
zu schauen nach den Blumen im Tal,
zu schauen, ob der Weinstock treibt,
ob die Granaten blühen.

12 *Ich kannte mich selbst nicht mehr…*

1 *Dreh dich um, dreh dich um, Schulamit,* 26, Lied/7,1-6
dreh dich um, dreh dich um,
daß wir dich anschauen!

Was wollt ihr Schulamit anschauen
wie beim Reigen?

2 *Wie schön sind deine Schritte in den Sandalen,*
Fürstentochter!
Das Rund deiner Hüfte ist wie ein Kleinod,
von Künstlerhand gemacht.

3 *Dein Schoß ist eine runde Schale,*
nicht mangle der Mischwein!
Dein Leib ist ein Weizenhaufen,
umgeben von Blumen.

4 *Deine beiden Brüste sind wie zwei Zicklein,*
Zwillinge der Gazelle.

5 *Dein Hals ist wie ein Elfenbeinturm,*
deine Augen sind wie die Teiche von Heschbon
am Tor Bat-Rabbim.
Deine Nase ist wie der Libanonturm,
der nach Damaskus späht.

6 *Oben dein Kopf ist wie der Karmel,*
und dein Haar glänzt wie Purpur.

27. Lied/7,7-11

7 *Wie bist du schön, wie reizend,*
Geliebte voller Wonne!

8 *So wie du dastehst,*
gleichst du der Palme
und deine Brüste den Trauben.

9 *Ich dachte: Ich steige auf die Palme,*
greife nach ihren Rispen.
Deine Brüste will ich genießen wie Trauben des Weinstocks,
den Duft deiner «Nase» wie Äpfel
und deinen Mund wie besten Wein.

10 *Der geht geradewegs zu meinem Geliebten*
und benetzt die Lippen noch im Schlaf.

11 *Ich gehöre meinem Geliebten,*
und nach mir geht sein Verlangen.

12 *Komm, mein Geliebter,* 28. Lied/7,12-13
wir gehen hinaus aufs Feld,
nächtigen in den Zyperblumen,

13 *sind früh in den Weinbergen,*
schauen, ob der Weinstock treibt,
ob die Knospen sich öffnen,
ob die Granaten blühen.

Dort schenke ich dir meine Liebe.

14 *Es duften die Liebesäpfel,* 29. Lied/7,14
an unseren Türen sind lauter köstliche Dinge,
neue wie alte.
Mein Geliebter, ich habe sie aufgehoben für dich.

30. Lied/8,1-4

1 *O wärest du mein Bruder,*
von der Brust meiner Mutter gestillt!
Träfe ich dich im Freien,
dürfte ich dich küssen,
und niemand würde mich verachten.

2 *Ich führte und brächte dich*
in das Haus meiner Mutter.
Du würdest mich belehren,
und ich gäbe dir Würzwein zu trinken,
Granatensaft.

3 *Sein linker Arm liegt unter meinem Kopf,*
mit seinem rechten umarmt er mich.

4 *Ich beschwöre euch, Töchter Jerusalems,*
was wollt ihr die Liebe stören,
sie aufschrecken,
ehe sie selbst es will?

5a *Wer kommt da herauf aus der Wüste,* 31. Lied/8,5a
an ihren Geliebten gelehnt?

5b *Unter dem Apfelbaum weckte ich dich,* 32. Lied/8,5b
dort empfing dich deine Mutter,
dort wurde schwanger, die dich gebar.

Chagall Marc

33. Lied/8,6-7

6 *Lege mich wie ein Siegel an dein Herz,*
wie ein Siegel an deinen Arm!

Denn stark wie der Tod ist die Liebe,
hart wie die Unterwelt die Leidenschaft.

Ihre Brände sind Feuerbrände,
eine mächtige Flamme.

7 *Große Wasser können die Liebe nicht löschen,*
Ströme schwemmen sie nicht fort.

Gäbe einer Hab und Haus für die Liebe,
verachten müßte man ihn, verachten.

8 *Wir haben eine kleine Schwester,*
Brüste hat sie noch nicht.

Was tun wir mit unserer Schwester,
wenn man von ihr spricht?

9 *Ist sie eine Mauer,*
so bauen wir darauf eine silberne Zinne.
Ist sie eine Tür,
so verrammeln wir sie mit einem Zedernbrett.

10 *Ich bin eine Mauer,*
und meine Brüste sind wie Türme.

Nun habe ich in seinen Augen
das Glück gefunden.

35. Lied/8,11-12

11 *Einen Weinberg besaß Salomo in Baal-Hamon.*
Er übergab den Weinberg den Wächtern.
Jeder gäbe für seine Frucht
tausend Silbertaler.

12 *Meinen Weinberg habe ich für mich.*
Die tausend, Salomo, lasse ich dir,
und zweihundert denen, die seine Früchte hüten.

36. Lied/8,13-14

13 *Die du in den Gärten weilst*
– die Gefährten lauschen deiner Stimme –:
Laß mich sie hören!

14 *Fliehe her, mein Geliebter,*
tu's der Gazelle gleich,
dem jungen Hirsch
auf den Balsambergen!

Erklärung der Lieder

Erstes Lied: 1,2-4

Nicht zufällig steht dieses Lied am Anfang der ganzen Dichtung. Es spannt den Bogen von der Sehnsucht des Mädchens nach dem Geliebten («Wenn er mich doch küßte») bis zur Erfüllung («Der König führt mich in sein Gemach»). Als störend empfinden wir den mehrmaligen Wechsel der Person in einem so kurzen Lied. Es beginnt in der dritten Person («Wenn er mich doch küßte...»), geht aber schon in der nächsten Zeile in die Du-Anrede über («Besser als Wein ist deine Liebe»). Am verwirrendsten ist Vers 4, in dem bald in der Du-Form («Nimm mich mit! ... Mit Recht lieben sie dich»), bald in der Wir-Form («Laufen wir weg! ... Wir wollen jubeln ...»), bald in der Er-Form («Der König führt mich in sein Gemach») gesprochen wird. Es handelt sich dabei jedoch weder um einen Stilbruch noch um veränderte Situationen, auch nicht um eine Aufteilung in Rollen (Mädchen allein, Mädchen und Geliebter, Dichter, zuschauende Personen). Vielmehr macht der Wechsel die verschiedenen Stufen der Liebe deutlich. Auch in den ägyptischen Liebesliedern finden wir die direkte Anrede des Liebespartners und die Aussage über ihn häufig nebeneinander. Der Liebende spricht besonders dann in der dritten Person, wenn eine gewisse Scheu ihn hindert, den Geliebten direkt anzusprechen.

Wein, Salben und Öl sind Kostbarkeiten des orientalischen Lebens. Der Wein ist zur Freude des Menschen geschaffen (Ri 9,13; Ps 104,15). «Besser» als er aber ist für das Mädchen die Liebe des Freundes. Denn noch mehr als der Wein verwandelt die Liebe den Menschen, berauscht ihn, verändert sein Bewußtsein. Deshalb erscheint der Wein im Hohenlied immer wieder als Symbol der Liebe. Die duftenden Salben und Öle hingegen stehen für die unwiderstehliche und betörende Anziehungskraft des Geliebten. Der Name bezeichnet in der Sprache der Bibel die Person (so im Vaterunser «Geheiligt werde dein Name»). Hingerissen von seinem Wohlgeruch, drängt das Mädchen ungestüm danach, mit dem «König» ihres Herzens allein zu sein. Im abgeschiedenen Gemach könnten sie sich ungestört aneinander freuen.

Zweites Lied: 1,5-6

«Schwarz» waren – und sind heute noch – die Zelte der Beduinen in der syrisch-arabischen Wüste, auch die der Nomadenstämme Kedar und Schalma, denn sie waren aus dem Haar der schwarzen Ziegen gewebt. Mit ihnen vergleicht sich das von der Sonne gebräunte Mädchen, das sich hier als Weinbergwächterin vorstellt. Sie entspricht nicht dem Schönheitsideal der städtischen Gesellschaft, der «Töchter Jerusalems». Dieses forderte eine weiße Hautfarbe. Aus den ägyptischen Malereien wissen wir, welchen Wert die Damen auf ein makelloses weißes Aussehen legten. Dennoch nennt sich das Mädchen selbstbewußt «schön». Dazu ermutigt sie offenbar die Liebe des Freundes. – Daß sie die Weinberge bewachen muß, ist eine Strafe ihrer Brüder – poetisch werden diese hier «Söhne meiner Mutter» genannt –, weil sie sich schon vor der Ehe ihrem Geliebten hingegeben hat. Dazu steht sie auch freimütig: «Meinen Weinberg habe ich nicht gehütet.» Der Weinberg ist (wie später der Garten und das Tal) eine erotische Metapher.

Drittes Lied: 1,7-8

In diesem kurzen Lied werden die beiden Liebenden als Hirt und Hirtin dargestellt, mit ihren Ziegenherden, die in der Mittagshitze zur Tränke geführt werden, wo sich die Hirten selbst im Schatten eines Baumes erholen. Die Trennung, ein Motiv, das der Liebeslyrik vertraut ist, weil es die Gefährdung und die Spannung der Liebe deutlich macht, wird – wie immer und überall – von dem Mädchen mehr beklagt als von dem Mann. Es ist nicht klar, ob das Mädchen den Geliebten beim Abschied fragt, wo sie ihn wiedersehen kann, oder ob sie in ihrer Sehnsucht mit sich selbst spricht. Und ebensowenig ist deutlich, ob der Geliebte antwortet oder seine Gefährten. Für eine Antwort der Gefährten spricht der etwas spöttisch-schnippische Ton, aber auch die vom Dichter kunstvoll gestaltete Ironie: Das Mädchen will nicht am falschen Ort und zu falscher Zeit umherirrend gesehen werden, muß sich aber gerade an die um Auskunft wenden, die sie meiden möchte, und sich auffordern lassen, dorthin zu kommen, wo sie alle versammelt sind. Von den Ziegenherden des Mädchens werden besonders die Zicklein hervorgehoben. Sie weisen auf die jugendliche Anmut des Mädchens hin und sind zugleich ein erotisches Bild für ihre Brüste (vgl. 4,5).

Viertes Lied: 1,9-11

4 Der Freund vergleicht das Mädchen mit einem Paradepferd am Wagen des Pharao. Im Unterschied zu Ochse und Esel wurde das Pferd nicht zum Ziehen von Lasten und auch nicht als Reittier gebraucht. Aber es durfte den Streitwagen ziehen und war das hoheitsvolle, unerschrockene Kampfroß (vgl. Ijob 39,19-25). Natürlich wurden für den Königswagen die schönsten Pferde ausgewählt. Sie dienen dem Freund als Bild, um die Schönheit, Vornehmheit und wohl auch stolze Unerschrockenheit des Mädchens zu beschreiben, die durch ihren Schmuck noch prächtiger in Erscheinung treten. Daß das Pferd außerdem Bild für die Vitalität ist, verleiht dem Vergleich noch eine erotische Komponente. Auch in der ägyptischen und griechischen Liebesdichtung wird der oder die Geliebte mit einem Pferd verglichen.

Fünftes Lied: 1,12-14

5 Betäubender Duft vermittelt die sinnliche Freude, die die beiden Liebenden aneinander finden. Drei Bilder werden für diese Freude beschworen: Die Liebende betört den Geliebten, der wie bei einem Bankett in festlich-heiterer Stimmung neben ihr liegt, mit ihren starken Reizen; sie möchte sich wie die Narde – ein sehr kostbares Parfum – an ihren «König» verströmen. Zugleich ist er für sie betäubender Duft wie die Myrrhe, die die Frauen in Säckchen an ihrer Brust trugen, und wie die gelbe, traubenförmige, stark duftende Zyperblume, die in der fruchtbaren Oase von En-Gedi oberhalb des Toten Meeres wächst. – Myrrhesäckchen und Zyperdolde sind Bilder für

die jugendliche männliche Vitalität; sie lassen Assoziationen zum männlichen Geschlechtsteil zu. Kühn ist die Vorstellung, daß der Geliebte zwischen ihren Brüsten nächtige. Zugleich läßt die Nachbarschaft des Toten Meeres, Inbegriff der Unfruchtbarkeit und des Sterbens, und die die beiden umgebende Nacht nicht nur ihr rauschhaftes Glück heller erstrahlen, sie zeigen auch die äußere und innere Bedrohtheit der Liebe. Erfüllung und Selbstaufgabe, orgiastischer Rausch und tödlicher Schauer gehören zur Liebe, weil sie den Erfahrungshorizont des Menschen sprengt (vgl. 8,6 f).

Sechstes Lied: 1,15-17

Ein Zwiegespräch der Liebenden, in dem jeder die Schönheit des anderen bewundert. Diese Bewunderung gehört zu den elementaren Ausdrucksformen der Liebe. Die Worte des Mädchens sind nuancierter, sensibler. Während er sie einfach «schön» nennt, bezeichnet sie ihn als «schön« und «verlockend». Während er ihre Augen in ihrer kokettierenden Lebhaftigkeit – wohl deshalb der Vergleich mit den unruhigen Tauben – hervorhebt, beschert sein verführerischer Charme ihr das Liebesglück unter den Gartenbäumen oder im Wald («Laub ist unser Lager»). In ihrer Phantasie werden die Bäume über ihnen zu einem mit kostbarem Holz getäfelten Königsgemach. Der Baum ist auch in Ägypten der verschwiegene Zeuge der Liebe.

Siebentes Lied: 2,1-3

Auch dieses Lied ist ein kunstvoll gestalteter Dialog. In der ersten Hälfte wechselt sich das Mädchen mit dem jungen Mann ab, in der zweiten spricht es allein. Der erste und der letzte Vers umschließen als Selbstaussage des Mädchens die mittleren Verse, die sich mit ihren Vergleichen genau entsprechen. Selbstbewußt nennt sich das Mädchen «die Narzisse des Scharon». Die heute dicht mit Zitrus-Hainen bepflanzte Scharon-Ebene (zwischen Tel Aviv und Cäsarea) war in biblischer Zeit mit Eichen bewaldet. In seiner Anmut sticht das

Mädchen von seiner Umgebung ab wie eine Narzisse vom wilden Scharon oder eine Blume in öden Tälern. Der Freund verfolgt dieses Bild weiter, indem er die Freundin eine Blume unter den Disteln nennt. Und nun nimmt das Mädchen den Vergleich auf: ihr Freund hebt sich von den übrigen Männern ab wie der saftige Apfelbaum unter den eintönigen Waldbäumen. Das Baummotiv löst im Mädchen die Sehnsucht aus, bei ihrem Geliebten auszuruhen und Erfüllung zu finden.

Achtes Lied: 2,4-7

Die Weinstube, in die der junge Mann sein Mädchen führt, ist kein Wirtshaus. Sie ist unserer Besenwirtschaft vergleichbar, wo eine Fahne (hier ein Schild) darauf hinweist, daß hier (saisonbedingt) neuer Wein ausgeschenkt wird. In unserem Fall jedoch geht es gar nicht um den Wein – dieser ist wiederum Metapher für die berauschende, bewußtseinsverändernde Macht der Liebe. In ihre Geheimnisse führt der junge Mann seine Geliebte ein. Sie gehen hinein in die Geborgenheit des Hauses. Seine Dunkelheit nimmt sie auf, schützt sie vor Neugier und Zugriff. Die dort erlebte erste Liebeserfahrung nimmt das Mädchen so mit, daß es eine Stärkung braucht. Äpfel (und in dieser Verbindung wohl auch Traubenkuchen) sind jedoch wiederum Liebessymbole, so daß die Heilung von der Liebe in noch größerer Liebe besteht. Folgerichtig schließt sich die Liebeserfüllung an. Die Geborgenheit des Mädchens drückt sich in der Umarmung der «Linken» und «Rechten» des Geliebten aus. Die Liebenden sind in ihrer Vereinigung der Wirklichkeit so entrückt, die Erfahrungen, die sie machen, sprengen so sehr ihren bisherigen Erfahrungsbereich, sind so heilig, daß nur eine feierliche Beschwörungsformel alle ungünstig gesonnenen Menschen, die «Töchter Jerusalems», die Nebenbuhler und Familienangehörigen fernhalten kann. Gazellen und Hinden sind die scheuen, schnellfüßigen Tiere des Feldes, die die Verborgenheit und Dringlichkeit der Liebessehnsucht symbolisieren. Daß die Liebenden bei ihnen schwören, wie man sonst bei Jahwe schwört, erhebt die Liebe in eine religiöse Sphäre. Die Begegnung der beiden

Liebenden ist durch nichts nach außen hin legitimiert. Sie steht ausschließlich unter dem Motto «Liebe». Und niemand ist berechtigt, ihr Geheimnis, ihre Eigengesetzlichkeit («bis sie es will»), ihre Intensität, ihren Ernst und ihre Feier zu stören.

Neuntes Lied: 2,8-14

9

In der Morgenfrühe läuft der Jüngling zum (Eltern-)Haus seiner Geliebten. Er geht nicht hinein, sondern lockt sie mit einem Lied zu sich heraus. So wie die Liebe dem Mädchen das Ohr schärft, so daß sie ihren Freund schon von weitem kommen hört, so beflügelt sie seinen Schritt. Der Herbeieilende wird mit der Gazelle verglichen, die für ihre Schnelligkeit bekannt war. Die Szene selbst erinnert an die antiken «Türklagelieder», in denen der junge Mann die Nacht vor dem Haus seines Mädchens verbringt und die verschlossene Tür in wehmutsvoller Klage beschwört, ihn einzulassen. Diese Lieder drücken psychologisch die Unnahbarkeit des Mädchens aus. Hier jedoch kommt der junge Mann als Frühlingsbote. Sein Lied gilt als das schönste Naturlied im Alten Testament. Der Winter ist in Palästina auch die Regenzeit. Obwohl der Segen des Regens nach monatelanger Trockenheit in jedem Herbst sehnsüchtig erwartet wird, ist der rauhe Winter doch unangenehm. Sprossende Blumen, beschnittene Reben, treibende Feigenbäume, rückkehrende Zugvögel sind die eindeutigen Zeichen, daß nun der Frühling da ist und mit ihm die Liebe. Denn die Turteltaube, das Attribut der Liebesgöttin Astarte, aber auch Sinnbild männlicher Erregung, lockt mit ihrem Ruf nicht nur das Mädchen heraus, sie ist selber ein Bild für das Mädchen. In scherzhafter Übertreibung nennt der junge Mann das im Haus sitzende Mädchen eine im unzugänglichen Fels nistende Wildtaube.

Zehntes Lied: 2,15-17

Der Liebe drohen Gefahren. Das Mädchen aber ist sich der Einzigartigkeit seiner Liebe zu dem Geliebten sicher. Der Anfang unseres Liedes fordert dazu auf, die Füchse oder Schakale wegzufangen, die dem Weinberg schaden, weil sie den Boden aufwühlen und im Herbst die Trauben fressen. Begreiflich wird dieser Vers aber erst vor seinem erotischen Hintergrund: der Weinberg bedeutet, wie im 2. Lied, das Mädchen. Dann sind mit den Füchsen andere junge Burschen gemeint, die dem Mädchen lästig und seiner Liebe gefährlich werden können, aber wohl auch die mißgünstige Umgebung, die ständig meint, sich in sein Verhältnis einmischen zu müssen. Daß die beiden Liebenden diese Quertreibereien jedoch nicht so ernst nehmen, zeigt die schelmische Wiederholung «die kleinen Füchse» und der lockende Hinweis «wo unser Weinberg doch blüht!» Weit entfernt davon, sich verwirren zu lassen, lädt das Mädchen den Freund zur Liebesvereinigung ein: «Du bist mein und ich bin dein« ist die schlichteste, aber tiefste Erfahrung der Liebe. Sie drückt Gleichwertigkeit, Hingabe, Geborgenheit und Beglückung in einem aus. Der Geliebte darf außerdem die Schönheit des Mädchens genießen. Ähnlich wie beim «Garten», in dem er «pflücken» kann (21. Lied), ist beim «Weiden in den Blumen» an den Genuß des weiblichen Körpers zu denken. Das Angebot ihrer Reize läßt das Mädchen denn auch ausmünden in die Aufforderung, nachts zu ihr zu kommen. Ob die «geteilten» Berge, die als Treffpunkt angegeben werden, ein in der ägyptischen Liebesdichtung vorkommendes fernes, geheimnisvolles Duftland sind oder die beiden Brüste meinen, ist wohl bewußt offen gelassen. Dieses Schwanken zwischen Sinn und Hintersinn, konkreter Situation und Wunschvorstellung, Direktheit und Verhüllung ist typisch für das Hohelied.

Elftes Lied: 3,1-5

Dieses Lied spielt im städtischen Milieu. Es lebt ganz aus der Spannung zwischen der nächtlichen Sehnsucht, dem Suchen, Nichtfinden und schließlich doch Finden bis zur endlichen Vereinigung. Die Ironie der Situation will es, daß das Mädchen zwar den Freund nicht findet, dafür aber selbst von den Wächtern, den Ordnungshütern (die hier, tiefenpsychologisch gesehen, das Über-Ich vertreten), gefunden wird. Die Mutter ist – wie in Ägypten – nicht nur helfende und verständnisvolle Zwischenfigur, sondern auch das weibliche Ur- und Vorbild des Mädchens. Versinnbildet «das Haus meiner Mutter» und «die Kammer, wo sie mich gebar» den Schoß der Frau, so das «Hereinbringen» des Freundes in die Kammer die volle Hingabe. Die Frau wird ihn nie mehr loslassen, wenn er einmal in sie eingegangen ist. Konsequent steht am Ende dieser Begegnung die Schwurformel aus dem 8. Lied.

Zwölftes Lied: 3,6-8

12

Nichts läßt darauf schließen, daß dieses Lied ein Liebeslied ist. Weil es jedoch wie die beiden nächsten Lieder vom König Salomo handelt und im 14. Lied außerdem von einer Hochzeit die Rede ist, faßten die Ausleger die Lieder 12 bis 14 zu einem einheitlichen Hochzeitslied zusammen. In Wirklichkeit aber haben die drei Szenen nichts miteinander zu tun. Dennoch hat man unser Lied als Hochzeitszug verstanden. Aber warum kommt er aus der Wüste? Warum ist die Sänfte von einer schwerbewaffneten Eskorte begleitet? Warum gehen die Leute (auch) in der Nacht? Unklar bleibt, ob es sich bei den «Schrecken der Nacht» um Nachtmahre handelt (vgl. Gen 32, 25), die einem Menschen gefährlich werden können, oder um Dämonen, die besonders von einer Braut angelockt werden und das Sexualleben stören (vgl. Tob 6,14f). Eine solche Bedrohung würde das Aufgebot der kriegerischen Eskorte rechtfertigen. Und wer sitzt in der Sänfte? Da es Salomos Sänfte ist, darf man an die Pharaonentochter denken, die nach Jerusalem geholt wird, um Salomos Frau zu werden (1 Kön 3,1). Bei allen vagen Andeutungen will das Lied wohl die tiefe Erfahrung aussprechen, daß der Weg der Liebe ein Weg durch Nacht und Wüste ist. Die Liebe ist ständig bedroht und muß mit allen zur Verfügung stehenden Mitteln geschützt und verteidigt werden.

Dreizehntes Lied: 3,9-10

Der literarische Kunstgriff, die Liebenden in die Königssphäre zu erheben, geht weiter. Nur aus kostbarstem Material darf die Residenz dieses märchenhaft reichen Königs sein. Dabei lehnt sich der Dichter an die Beschreibung der Thronhalle Salomos im Königsbuch an. Diese ist mit Zedernholz vom Libanon ausgekleidet (1 Kön 7,7), und der Thron ist mit reinem Gold überzogen (1 Kön 10,18). Aber dieser ungeheure Luxus wird in unserem Lied ins Unwirkliche gesteigert, um den unbezahlbaren Preis der Liebe darzustellen. Nicht Gold, Silber und Purpur machen das Haus der beiden Liebenden kostbar, sondern die Liebe, mit der es «ausgelegt» ist. Auch in Ägypten wird im erotischen Sinn von der Halle gesprochen.

Vierzehntes Lied: 3,11

Noch immer haben wir es mit einer literarischen Fiktion zu tun. Denn ein wirklicher König wird weder an seinem Hochzeitstag noch sonstwann von seiner Mutter gekrönt, und von Salomo ist dies schon gar nicht bekannt. Der Name Salomo wurde in das Lied eingefügt, als dieses mit den beiden vorangehenden Liedern, die auf Salomo Bezug nehmen, verbunden wurde. Ursprünglich war nur vom König die Rede, und mit diesem ist natürlich, wie 1,4.12, der Geliebte gemeint. Ebenso sind die Mädchen, die den Bräutigam bewundern sollen, sicher keine «Töchter Zions». Auch dies ist eine Erhöhung ins Vornehme, Kostbare. Die «Krönung» des «Königs» am «Hochzeitstag» durch die Mutter hebt vielmehr das im Hohenlied mehrfach erwähnte positive Verhalten der Mutter zum Liebesglück der beiden jungen Menschen hervor. Daß die Mutter, durch die der Mann die erste Erfahrung mit der Frau, ja mit dem Weiblichen überhaupt macht, ihren Sohn an eine andere Frau abgibt, macht ihn selbständig und frei.

Fünfzehntes Lied: 4,1-7

Dieses Lied entstammt wieder dem ländlichen Milieu. Im Überschwang seiner erregten Gefühle erklärt der Jüngling seiner Geliebten, wie schön er sie findet. Sein Blick gleitet abwärts von ihrem Kopf bis zu ihrer Brust. Die Vergleiche sind in ihrer konkreten Anschaulichkeit zum Teil der ägyptischen Plastik und Malerei entlehnt, so das Taubenbild für die Augen. Die Taube galt als ein verliebtes Tier; deshalb war sie auch das Attribut der Liebesgöttin Astarte-Aphrodite-Venus. Ältere Ausleger behaupten, die Taube richte ihren Blick nur auf ihren Partner und auf niemand sonst. Auch der Granatapfel ist ein dekoratives Element in der ägyptischen Malerei. Zum anderen Teil aber stammen die Vergleiche aus der ländlichen Umgebung und dem Alltag Israels. Die schwarzen Haarlocken, die beim Gehen auf und ab wogen, werden mit den schwarzen Ziegen Palästinas verglichen, die weißen Zähne mit den weiß gewaschenen Schafen, die in ihrer natürlichen Schönheit anziehend sind. Geöffnet und geschlossen (als karmesinrotes Band) ist der Mund erregend. Die Beschreibung der Brüste betont ihre jugendliche Form. Daß auch sie aufregend auf den jungen Mann wirken, zeigt nicht nur der Hinweis auf ihren Genuß (10. Lied: «Er weidet in den Blumen»), sondern auch die Entschlossenheit des Liebhabers, die Nacht mit dem Mädchen zu verbringen. «Myrrhenberg» und «Weihrauchhügel» sind poetische Bilder für den Schoß der Frau. Von einem «Turm Davids» wissen wir sonst nichts. Er soll wohl auf den Stolz und das Selbstbewußtsein des Mädchens deuten, das erobert werden will. – Durch das ganze Lied zieht sich nicht zuletzt das Motiv der Fruchtbarkeit: der lückenlose Zug der Ziegen und Schafe; die Zwillinge und Jungen; Gilead, das als fruchtbares Bergland geschätzt war; der aufgerissene Granatapfel, mit seinen unzähligen Samenkernen geradezu Symbol der Fruchtbarkeit und Fülle; die Schilde im Übermaß. Dies verheißt Sicherheit und Sorglosigkeit, Reichtum und Kinder, die für das Glück des biblischen Menschen unerläßlich sind.

Sechzehntes Lied: 4,8

Im Unterschied zum «Myrrhenberg» und «Weihrauchhügel» des vorigen Liedes, die die Liebenden verlockend anziehen und ihnen Genuß verheißen, befinden wir uns hier in einer gefährlichen, unwirtlichen Landschaft, wo wilde Tiere hausen. Es ist oft besser, bedrohlichen Situationen, mit denen hier durchaus auch dämonische Kräfte gemeint sein können, zu entfliehen als ihnen zu widerstehen. Die beiden sind jedenfalls gewillt, alle Widrigkeiten und Gefahren des Lebens gemeinsam zu bestehen.

Siebzehntes Lied: 4,9-11

Beglückend und verzaubernd wirkt das Mädchen auf den Geliebten. Je mehr er sich ihrer Faszination überläßt, um so stärker wird ihre Gewalt über ihn. Wenn schon «ein einziges Auge» und «eine einzige Perle» einen solchen Bann bewirken, um wieviel mehr beide Augen und der ganze Halsschmuck, das heißt die totale Hingabe an das Spiel der Liebe. Vers 10 ist gleichsam die Umkehrung des 1. Liedes. Wie dort die Zärtlichkeiten des Jünglings «besser als Wein» genannt werden und der Duft des Geliebten gepriesen wird, so hier die des Mädchens. Eine Zärtlichkeit wird herausgegriffen: der lange und innige Liebes(=Zungen)kuß. Der Honig ist in der Bibel der Inbegriff der Süßigkeit (Ri 14,18; Ps 19,11 u. ö.). «Milch und Honig» stehen für Überfluß, Wohlstand und grenzenloses Glück. Palästina ist in der Bibel wegen seiner Fruchtbarkeit das Land, das von Milch und Honig fließt (Ex 3,8; Dtn 6,3 u.ö). Die Anrede «Schwester» und «Braut» ist nicht wörtlich zu nehmen, sie ist auch der ägyptischen Liebessprache geläufig und ist Ausdruck großer Innigkeit.

Achtzehntes Lied: 4,12-5,1

Die Unwirklichkeit dieser Gartenbeschreibung ergibt sich schon aus der Zusammenstellung der exotischen und kostbaren Pflanzen, die

– außer dem Granatbaum – in keinem palästinischen Garten zu 18
sehen waren. Sie sind allein nach der Intensität des Duftes so zusammengestellt. Wiederum wirkt der Wohlgeruch auf den Mann erregend. Denn das Mädchen selbst ist der Garten, sie ist die Quelle, wie vorher der Weinberg. Daß es sich um ihre körperlichen Reize handelt, speziell um ihren Schoß, wird aus den Versen 15 und 16 deutlich. Versiegelt und verschlossen ist sie nur für Fremde, die kein Siegel und keine Schlüssel zu ihr besitzen. Für ihren Geliebten aber ist sie sein Garten. Von diesem gehen Ströme der Wonne und der Lust aus, die ihn erfrischen und heilen wie das kühlende Schmelzwasser, das vom Libanon herabströmt. Zugleich hat das Quellwasser etwas mit Leben und Fruchtbarkeit zu tun. – Es folgt ein Wechselgespräch zwischen dem Mädchen und ihrem Geliebten. Voll Sehnsucht nach ihm möchte sie die Winde mit ihrem Duft beladen, um ihn, wo immer er auch sei, herbeizulocken. Selig nimmt er ihren Ruf wahr, geht in seinen «Garten» ein und genießt dessen Wonne in der Ekstase der Liebe. Daß der Liebende den Honig samt der Wabe ißt, nicht nur die sanfte Milch, sondern auch den berauschenden Wein trinkt, steht für die Totalität der Liebe. Von «böser Lust» weiß das Hohelied nichts, vielmehr fordert es, wie die beiden letzten Zeilen zeigen, geradezu dazu auf, die Liebe zu genießen (vgl. Koh 9,9).

Neunzehntes Lied: 5,2-8

Dieses Lied ist weder Realität, noch erzählt es einen Traum, vielmehr reflektiert es die Beziehung. Mit zwei vorausgehenden Liedern hat es manches gemeinsam. Wie im 9. Lied handelt es sich um ein nächtliches Türgespräch zwischen dem einlaßbegehrenden jungen Mann und dem zurückhaltenden, ja abweisenden Mädchen. Dieses Motiv ist verquickt mit dem Thema des 11. Liedes, der nächtlichen Suche
nach dem Geliebten. Allerdings ist die Bewegung entgegengesetzt. 19
Während dort das Mädchen den Freund zunächst vermißt und dann findet, ist er hier zunächst anwesend, nach der überraschenden Wende in Vers 4 jedoch, wo ihm das nun völlig «wach» gewordene Mädchen öffnet, verschwunden. Die Gefühle sind in der Liebe oft

verschoben, und so wird dann der ideale Augenblick verpaßt. Und während sich die Wächter im früheren Lied neutral verhielten, geben sie sich hier feindlich und behandeln das Mädchen als Dirne (eine solche durfte keine Kopfbedeckung tragen). Die «Töchter Jerusalems», die im 11. Lied beschworen werden, die Liebe nicht zu stören, sollen nun beim Suchen helfen. Der leidenschaftliche Ausruf «Ich bin krank vor Liebe» steht in Kontrast zu den Ausreden des Anfangs. Die Tür hat dieselbe symbolische Bedeutung wie das Siegel und der Riegel im vorigen Lied. Und das Myrrheöl, mit dem das Mädchen vor dem Schlafengehen die Hände eingerieben hat, zeugt, wie im 5., 15., 18. und 20. Lied, von ihrer erotisch-sexuellen Anziehungskraft. Das Mädchen muß – darauf will das Lied hinaus – nach anfänglich kokettem Spiel die Härte und Verzweiflung der Leidenschaft erfahren, das heißt den Weg aus der dornröschenhaften Abgeschlossenheit im elterlichen Haus zur Reife und sexuellen Liebesfähigkeit gehen. Der junge Mann, der unstet und ungeduldig meint, seine Geliebte müsse immer für ihn da sein, muß zuverlässig werden.

Zwanzigstes Lied: 5,9-16

20 Der erste Vers dieses Liedes leitet von der vorangehenden Bitte des Mädchens an die Jerusalemer Frauen, ihr bei der Suche nach dem Geliebten zu helfen, zu seiner Beschreibung über. Freilich, zur Identifizierung eines jungen Mannes ist dieses sehnsüchtige Bewunderungslied nicht geeignet. Es zeichnet eher das Idealbild, das sich jedes Mädchen von einem Mann macht, ist also eine Projektion. Vers 10 gibt zunächst den allgemeinen Eindruck wieder. Rot ist von jeher die Farbe der Leidenschaft und Liebe. Zudem ist sie nach dem antiken Schönheitsideal die Farbe der Männlichkeit (vgl. das 2. Lied). In der ägyptischen Kunst wird der Mann immer rot, die Frau weiß dargestellt. «Leuchtend rot» bedeutet also den Inbegriff der männlichen Schönheit. Dann gleitet der Blick an der Gestalt des Geliebten abwärts. Die verschiedenen Vergleiche («sein Haupt ist feinstes Gold» und so fort) bedeuten nicht, daß der Mann wirklich so ist (oder aussieht), daß er zum Beispiel einen Goldschmuck trägt. Viel-

mehr haben die genannten Kostbarkeiten erotische Bedeutung. Die Schönheit der Augen in ihrer lebhaften Bewegtheit ist wie die Schönheit der Tauben, die in Überfluß und Fülle leben. Hinzu kommt, daß die weiße Taube, der Liebesvogel der Astarte, Symbol ist für die männliche Erregung. Ob die Balsambeete der Wangen den parfümierten Bart darstellen sollen, mag dahingestellt bleiben. Auf alle Fälle ist die Komposition von Düften im Zusammenhang mit den Lippen erotisch zu verstehen. In den nächsten beiden Versen wird das Männliche besonders betont. Die Edelsteine sollen wie das Gold in Vers 11 die auserlesene Kostbarkeit des Geliebten betonen, die gepaart ist mit Kraft, Zuverlässigkeit und Sicherheit. Alle Vergleiche (Säulen, Sockel, Libanon, Zeder) weisen auf den hohen Wuchs. Daß gerade die Genitalzone mit den kostbarsten Materialien verglichen wird (Elfenbein, Saphir, Alabaster, Gold) weist auf die Wichtigkeit und Unverzichtbarkeit der sexuellen Lust in der Liebe hin. Im 16. Vers wird der Bogen zum Mund zurückgeschlagen, die Reize des unteren Körpers mit denen des oberen verbunden: «Alles an ihm ist Lust.» Der letzte triumphierende Ausruf «So ist mein Geliebter, so ist mein Freund!» ist gleichsam die abschließende Antwort auf die Eingangsfrage «Was hat dein Geliebter mehr als sonst ein Geliebter?»

Einundzwanzigstes Lied: 6,1-3

Wiederum soll der erste Vers den Anschluß an das vorhergehende Lied herstellen. Aber nun sind die anderen die Fragenden, und das Mädchen weiß, wo ihr Geliebter ist. In einer bewußt verhüllenden Redeweise wird hier vom höchsten Liebesglück gesprochen. Das «Hinabsteigen» in «seinen Garten» bedeutet wie im 18. und 25. Lied das Eingehen in den Schoß des Mädchens. Ihre Schönheiten und Reize kann der Geliebte ernten, wie ein Gärtner die Blumen pflückt und die Früchte erntet. Ihm solche Lusterfahrungen zu gewähren ist für sie das höchste Glück. 21

Zweiundzwanzigstes Lied: 6,4-7

22 Das Lied besteht aus zwei Teilen. Während der erste von der furchterregenden und verwirrenden Schönheit des Mädchens spricht, ist der zweite die gekürzte Wiederholung des ersten Teils von Lied 15. Die Schönheit Jerusalems, nach der sich alle Israeliten sehnten, ist sprichwörtlich (vgl. besonders die Psalmen 48 und 122). Tirza war (nach Sichem) die zweite Hauptstadt des israelitischen Nordreiches und Residenz von fünf Königen (1 Kön 14,17ff). Um das Verwirrende ihrer Blicke, das Bedrängende und Irritierende ihrer Erscheinung zu umschreiben, wählt der Dichter das dem Wüstenbewohner vertraute Phänomen der Fata Morgana. Der junge Mann fürchtet, die Fassung zu verlieren und außer sich zu geraten.

Dreiundzwanzigstes Lied: 6,8-9

Ein königlicher Harem bildet den Hintergrund zu diesem Gedicht. Der junge Mann beneidet den König nicht wegen seiner zahllosen
23 Frauen, denn keine reicht an sein Mädchen heran. Das geben diese und mit ihnen alle Frauen sogar selbst zu. Die Liebe der Mutter zu ihrer einzigen Tochter erhöht noch deren Wert. Auch in einem ägyptischen Liebeslied wird die Geliebte «die Eine ohnegleichen» genannt.

Vierundzwanzigstes Lied: 6,10

24 Die Schönheit einer Frau mit den hell leuchtenden Gestirnen am nächtlichen Himmel zu vergleichen, geschieht häufig in der Liebesdichtung, angefangen von den ägyptischen Liedern über die Märchen von Tausendundeiner Nacht bis zum Nibelungenlied. Unberührt und rein, aber doch voll glühender Leidenschaft (Morgenröte, Glut der Sonne) und mit einer naturhaft-magischen Anziehungskraft (Mond) fasziniert und beunruhigt sie den Mann. Hier wird gewiß die Urbeziehung der Geschlechter ausgesprochen.

Fünfundzwanzigstes Lied: 6,11-12

Noch einmal das Gartenmotiv. Während jedoch im 21. Lied die Würzkräuter und Blumen des Gartens genannt werden, sind es hier seine Früchte: Nüsse, Weintrauben, Granatäpfel, auch wenn sie erst im Kommen sind. Dieses Nachschauen, ob die Früchte reifen und die Blumen blühen, ist wiederum eine Metapher für das ungeduldige Warten, ob die Zeit der Liebe gekommen ist (vgl. Ez 16,7f). Es liegt nahe, an die Früchte der Liebe zu denken, die in der «Verzauberung», Veränderung greifbar werden, die die Liebe bei den Liebenden bewirkt. Anders wäre der letzte Vers (wenn der verderbte hebräische Text richtig gedeutet ist) nicht verständlich.

Sechsundzwanzigstes Lied: 7,1-6

Daß das Mädchen der Aufforderung der Gruppe nachkommt und zu tanzen beginnt, schafft die literarische Fiktion, sie mit Lust und Freude zu betrachten und in ihrer Schönheit zu schwelgen, von den Tanzschritten zu Hüfte, Schoß, Brüsten, Hals, Augen, Nase, Kopf und Haar. Der Name Schulamit kommt sonst im Alten Testament nicht vor, es ist unklar, ob er ein Eigenname oder ein Kosename ist. Oft wird er als Anspielung auf das außergewöhnlich schöne Mädchen Abischag von Schunem gedeutet, das den greisen David in seinen letzten Lebenstagen wärmte (1 Kön 1,1-4). Wie die Geliebte ihren Freund «König» nennt, so ist sie für ihn die «Fürstentochter» oder Prinzessin. Die Beschreibung von Hüften, Schoß und Leib ist erst vom Tiefenpsychologischen her voll verständlich. Das Runde ist nicht nur biologisch für die Frau charakteristisch, sondern auch psychologisch für ihre Art, ganzheitlich zu denken, zu fühlen und zu erleben. Ursymbol des Weiblichen, das sich in allen Kulturen findet, ist deshalb das Gefäß (Neumann 51). Nicht von ungefähr wird hier das Runde betont (runde Hüften, runde Schale, [runder] Weizenhaufen, selbst wieder von Blumen umrundet), das auf den Mann eine Faszination ausübt, der er sich nicht entziehen kann. Der Vergleich des Nabels mit einer runden Schale dürfte auf die bildende Kunst

Ägyptens hinweisen, in der es üblich war, den Nabel übergroß darzustellen, als rundes Loch oder breite Grube. Im Bild vom Weizenhaufen spielt wohl Farbe (für den Leib) und Form (für den Schoß) gleichermaßen eine Rolle. Hinzu kommt, daß der Weizen zu den Attributen der Erdmutter Demeter gehört, also auf Fruchtbarkeit hindeutet. Der «Mischwein», der dem Leib des Mädchens gewünscht wird, und die «Blumen», die ihren Schoß umgeben, weisen auf das Intimste der Liebesvereinigung hin.

26 In der für das Hohelied typischen ambivalenten Weise des Verhüllens und Enthüllens wird damit der Unterleib des geliebten Mädchens besungen. Der Vergleich der Brüste mit zwei Zicklein entspricht genau dem 5. Vers des 15. Liedes. Und wie dort im 4. Vers wird auch hier der Hals des Mädchens mit einem Turm verglichen. Das Elfenbein ist sicher ein Hinweis auf die zarte und weiße Hautfarbe des Mädchens. Von Teichen und dem genannten Stadttor in der alten Amoriterstadt Heschbon ist uns nichts bekannt. Dennoch hat die genaue Angabe «wie die Teiche von Heschbon am Tor von Bat-Rabbim» eine bestimmte Aussage: die Augen der Geliebten sind von einer Besonderheit, die nur der Kenner weiß. Vielleicht, daß dort das Wasser eine besondere Färbung oder Tiefe annimmt, besonders klar oder geheimnisvoll, besonders hell oder dunkel ist. Mit dem «Libanonturm, der nach Damaskus späht», dürfte die die Stadt Damaskus überragende Partie des Antilibanongebirges gemeint sein. Die Nase des Mädchens erscheint dem Freund als stolz, aggressiv und vorsichtig zurückhaltend zugleich. Der Karmel, hoch aus der Meeres- und Jesreel-Ebene aufragend und deshalb weithin sichtbar, ist ein stolzer Vergleich für den Kopf, auf dem das Haar dunkel leuchtet. Die Ähnlichkeit von Haar und Purpur liegt offenbar im Glanz, da an eine Färbung nicht zu denken ist. So streng und fremd uns vor allem die letzten Vergleiche mit eher heroischen, abweisenden Motiven wie Turm, Libanon, Karmel auch sein mögen, wichtig ist die jeweilige Empfindung, die ausgedrückt und geweckt werden soll. Die letzten Worte des 6. Verses sind in der Übersetzung weggelassen, weil sie im hebräischen Text unverständlich sind.

Siebenundzwanzigstes Lied: 7,7-11

Das Lied beginnt wie das vorige mit einer Beschreibung der Geliebten. Es nimmt allerdings nur zwei Motive auf: ihren schlanken Wuchs und ihre Brüste, die wegen ihrer Form und ihrer Festigkeit mit Trauben verglichen werden. Mit der zweiten Strophe wendet sich die Beschreibung in ein erregendes Erlebnis. Der Geliebte «besteigt» die Palme, das heißt er «erobert» ihren Leib und nimmt ihn in Besitz. Ihr ganzer Körper wird ihm zum Genuß: die Brust (mit der «Nase» ist wahrscheinlich die Brustwarze gemeint), die er betastet und deren Duft ihn belebt (zur erotischen Bedeutung der Äpfel siehe das 8. Lied), das Gesicht und vor allem der Mund. Bei diesem hält sich der Dichter am längsten auf. Die Küsse haben wie der Wein berauschende, in Ekstase versetzende Wirkung, das heißt nichts anderes, als daß sie den jungen Mann bis zum Orgasmus erregen. Spielerisch greift die junge Frau in der zweiten Hälfte von Vers 10 das vom Geliebten verwendete Bild auf und führt es zu Ende. Der letzte Vers ist die Zusammenfassung dieser beglückenden Erfahrung: die beiden Liebenden gehören unwiderruflich zusammen, sind aber auch in ihrer Liebe unersättlich. Der Fluch «Nach deinem Mann wirst du verlangen, er aber herrsche über dich» (Gen 3,16) ist damit aufgehoben, ja umgekehrt. Nun hat der Mann Verlangen nach der Frau.

Achtundzwanzigstes Lied: 7,12-13

Wiederum geht es um die Erfüllung der Liebe. Feld und Weinberg sind Orte, die ihr Schutz und Geborgenheit gewähren. Hier sind die Liebenden ungestört und können sich ihr spielerisch hingeben. Zugleich versinnbilden Blumen, Gras und Weinreben Fruchtbarkeit und erdhafte Nähe. Gemeinsam machen sich die Liebenden auf, um neue Erfahrungen zu machen, die Erfahrungen der Liebe. Diese verwandelt sie, wie die Natur sich wandelt von der winterlichen Verschlossenheit zum Knospen und Blühen. In einem ägyptischen Liebeslied heißt es: «Zum Felde gehen ist das Schönste für den, der geliebt wird.»

Neunundzwanzigstes Lied: 7,14

29

Wenn wir den Text dieses Liedes wörtlich verstehen, bleibt er unverständlich. Wir wissen nichts von einem Brauch, Früchte über oder an der Haustür aufzubewahren, zudem noch Liebesäpfel. Vielmehr muß dieser Vers als eine wiederum kunstvoll verhüllte Einladung des Mädchens an den Geliebten angesehen werden, mit ihr zu schlafen. Mit Liebesäpfeln empfängt auch Lea den heimkehrenden Jakob, um ihn für die Nacht zu sich einzuladen (Gen 30,14-18). Es handelt sich um die Alraune, die in alter Zeit weltweit als Aphrodisiakum galt. Mit den «Türen» (poetischer Plural) ist sicher der Eingang zum Schoß des Mädchens gemeint. Sie bietet dem Geliebten sämtliche Kostbarkeiten an, das heißt alle Zärtlichkeiten und Liebesspiele, die sie hat. Liebende erleben sich immer wieder neu, auch wenn sie altgewohnte Liebkosungen austauschen. Alles ist immer wieder anders, immer wieder beglückend neu und immer wieder am schönsten. Was das Mädchen anderen vorenthielt, das sammelte sie für ihn. Hier wird nicht nur die Ausschließlichkeit ihrer Beziehung deutlich, sondern auch die geheimnisvolle Verlockung einer ewig jungen Liebe.

Dreißigstes Lied: 8,1-4

Eine entzückende Unlogik: Das Mädchen wünscht, ihr Geliebter wäre ihr Bruder, damit sie ungeniert mit ihm zusammensein könnte, gleichzeitig aber soll er ihr Geliebter sein. Denn er soll sie «belehren», das heißt nichts anderes als in die ars amandi einführen. Dafür will sie ihn wiederum mit ihren Liebkosungen und Küssen belohnen. In Wirklichkeit wünscht sie also gerade nicht, den Geliebten zum Bruder zu haben, sondern nur, ihm und den Menschen gegenüber keine

30

Hemmungen haben zu müssen. Die Verse 3 und 4, Wiederholungen aus dem 8. und 11. Lied, weisen daraufhin, daß die Sehnsucht des Mädchens erfüllt wurde.

Einunddreißigstes Lied: 8,5 a 31

Diese bewundernde rhetorische Frage, die sich im Motiv am ehesten an das 12. Lied anschließt, ist wohl ein Fragment und für uns unverständlich. Dargestellt werden soll vielleicht die Heimholung der Braut aus der «Wüste» des Alleinseins in die Geborgenheit des Geliebten.

Zweiunddreißigstes Lied: 8,5 b

In deutscher Übersetzung ist nicht ersichtlich, ob der Mann oder die Frau spricht. Nach dem hebräischen Text ist es eindeutig die junge Frau (das Hebräische unterscheidet auch in der 1. und 2. Person des Pronomens zwischen männlich und weiblich). Sie erinnert daran, wie sie in der Liebe aktiv wurde, was die Bibel offenbar als ganz normal empfindet. Schon im 7. Lied war der Apfelbaum, in dessen
Schatten das Mädchen sitzen und dessen Früchte sie genießen 32
möchte, kein anderer als ihr Geliebter, dem sie sich hingeben möchte. Hier wird deutlich, daß das Bild eine alte erotische Erfahrung birgt: Schon die Mutter traf sich dort mit ihrem Geliebten. So ist das Motiv «Liebe unter dem Baum», auch den Ägyptern vertraut, ein Sinnbild für die erste leidenschaftliche Begegnung zwischen Mann und Frau.

Dreiunddreißigstes Lied: 8,6-7

An seinem eigentlichen Schluß erhebt sich das Hohelied zu letztgültigen Aussagen über die Liebe. Diese ist persönlichster Besitz, etwas Überwältigendes, verzehrend Leidenschaftliches und einmalig Kostbares. – Geschäfte wurden in der Antike mit einem Siegel beschlossen. Dieses trug der Mann an einer Schnur um den Hals, als Armband oder als Fingerring immer bei sich, so daß er es nicht verlieren konnte. Wie gegen den Tod kann sich niemand gegen die Liebe wehren, und wie das Totenreich niemanden wieder hergibt, so läßt auch die Liebe keinen Menschen wieder frei. Hier klingt auch das «Verschlingende» der Liebe an, das den Menschen «tötet», schmerzt, leiden läßt. Und auch das Beherrschende, das den Geliebten seiner Freiheit beraubt und ihn an sich bindet. Mit einer Urgewalt setzt die Liebe sich durch wie ein unlöschbares Feuer; sie ist stärker als alle zerstörerischen Kräfte, ob diese nun aus dem eigenen Inneren als Verdrängung und Selbstkasteiung oder von außen durch Verbote und Gebote angreifen. Wer sich aber die Liebe erkaufen zu können glaubt, ist ihrer nicht wert, denn sie ist kostbarer als alle Schätze der Welt.

Mehrere Gründe sprechen dafür, daß es sich in den folgenden drei Liedern um Nachträge handelt, die, wie etwa auch das 12. Lied, aus dem Rahmen herausfallen. Sie erheben sich bei weitem nicht zur gleichen dichterischen Höhe, vielmehr wirken sie nach dem großartigen Finale des 33. Liedes matt und prosaisch. Mehr oder weniger willkürlich werden verschiedene Motive der früheren Lieder (Brüste, Türme, Weinberg, Garten) wieder aufgegriffen und wenig geschickt präsentiert. Während im übrigen Hohenlied die Gespräche zwischen den beiden Liebenden hin und her spielen, stehen hier die Aussagen des Mädchens und des jungen Mannes beziehungslos da.

Vierunddreißigstes Lied: 8,8-10

Die (leiblichen) Brüder machen sich Sorgen um die Chancen ihrer noch nicht einmal in die Pubertät gelangten Schwester. Wird sie den Männern gegenüber eine Mauer sein, das heißt verschlossen, stolz abweisend, so werden sie sie für einen hohen Brautpreis verheiraten (silberne Zinne). Ist sie eine Tür, das heißt flatterhaft, leichtsinnig (vgl. die Tür als Symbol für den Eingang in den Schoß), so wird sie eingesperrt und «verriegelt». Offenbar bedauern die Brüder, daß das Mädchen noch nicht so weit ist und sie deshalb mit ihm noch kein Geschäft machen können. Nach ein paar Jahren erweist sich jedoch die Überlegung der Brüder als überholt. Nun hat sie zwar Brüste «wie Türme» und ist eine Mauer, aber die Brüder gehen leer aus, denn sie hat sich schon einem Mann hingegeben, mit dem sie glücklich ist (Rückgriff auf den Schluß des 2. Liedes).

Fünfunddreißigstes Lied: 8,11-12

In diesem neckischen Scherzgedicht werden zwei Weinberge einander gegenübergestellt. Der Vergleich ist nicht Punkt für Punkt nachvollziehbar. Jedoch darf man annehmen, daß es sich bei Salomos Weinberg um seinen Harem handelt, der von Eunuchen bewacht wird und sehr viel Geld kostet. Der Weinberg des jungen Mannes, sein geliebtes Mädchen, gehört ihm ganz allein («meinen Weinberg habe ich für mich»), und er möchte um alles in der Welt nicht mit Salomo tauschen.

Sechsunddreißigstes Lied: 8,13-14

Während Vers 14 Motive des 9. und 10. Liedes wieder aufgreift und wie dort als eine Liebeseinladung zu verstehen ist, bereitet der erste Vers Schwierigkeiten, nicht zuletzt in Verbindung mit dem zweiten. Sicher handelt es sich nicht um eine reale Gartenszene oder gar um eine Hochzeit im Grünen, aus der die beiden Brautleute in die Einsamkeit wegstreben. Vielmehr geht es auch hier um die Sehnsucht der Liebenden, zueinanderzukommen. Die Gärten haben wie früher schon erotische Bedeutung. Sie meinen letztlich das Mädchen selbst in seiner Schönheit und mit seinen Reizen. Nicht andere Männer sollen sie genießen, sondern nur er allein, ihr Geliebter. Die Frage ist indes, ob das ganze Gedicht von ihm gesprochen wird. Dann müßte der Anschluß zu Vers 14 bedeuten: Laß mich deine Stimme hören wie früher, als du mir zuriefst: Flieh, Geliebter… Wenn aber (richtiger) anzunehmen ist, daß in Vers 14 das Mädchen spricht, dann könnte sie mit dem ihm bereits bekannten Zuruf meinen: Flieh aus dem Kreis deiner Rivalen, flieh mir voraus in die Einsamkeit, wo wir uns lieben werden. Der bekannte Vers mag jedoch auch die Antwort auf seine eifersüchtige Furcht sein, daß sie sich mit seinen Rivalen abgeben könnte. Dann würde sie ihm damit erneut bestätigen, daß sie nur ihn liebt und, wie auch er, sich nichts sehnlicher wünscht als die Vereinigung in der Liebe.

Wie Synagoge und Kirche vom Hohenlied dachten

Jahr für Jahr wird in den frommen jüdischen Familien östlicher Prägung, den Chassidim, nach der Feier des Pesachmahls und dem Dank für das Geschenk der Freiheit das Hohelied gelesen. Zum Pesach, dem Frühlings- und Freiheitsfest Israels, gehörte auch die Verkündigung der Liebe. Wie unterschiedlich man im Verlauf der Zeiten in Synagoge und Kirche das Hohelied gedeutet haben mag: die Liebe stand immer im Mittelpunkt. Und weil sich der Glaube Israels und der Kirche im Letzten der Liebe verpflichtet wußte, hat das biblische Liebeslied beide Bekenntnisse in ungewöhnlichem Maß herausgefordert.

Das Hohelied ist das Allerheiligste

Im frühen Judentum erfreute sich das Hohelied hoher Verehrung. Dafür scheint der Einfluß des Weisen und Märtyrers Rabbi Akiba (50/55-135 n. Chr.), des Begründers des traditionellen jüdischen Lehrsystems, maßgebend gewesen zu sein. Ihm wird der Ausspruch zugeschrieben: «Die ganze Welt wiegt den Tag nicht auf, an dem Israel das Hohelied empfing. Alle Schriften sind etwas Heiliges, aber das Hohelied ist das Allerheiligste.» So ist denn auch kein anderes biblisches Buch so oft kommentiert worden. Allein für das Mittelalter wissen wir von über 130 jüdischen Kommentaren zum Hohenlied.

Nach jüdischem Denken zeigt Jahwe seine Liebe vor allem darin, daß er die Geschichte seines Volkes lenkt. So kann es nicht verwundern, daß eine starke jüdische Tradition die Aussagen des Hohenliedes auf einzelne Ereignisse der Geschichte Israels bezieht. Dieses Verständnis tritt am anschaulichsten im Targum, der aramäischen Übersetzung der jüdischen Bibel (6./7. Jh.) zutage. Die Übersetzer begnügten sich nicht damit, den Text in die andere Sprache zu übertragen. Vielmehr ließen sie auch schon ihr Verständnis des Textes in die Übersetzung einfließen, indem sie jeden Vers, ja jedes Wort auf Ereignisse in der Geschichte Israels bezogen. In den Versen 2,10 f erklärt zum Beispiel das Mädchen: «Mein Geliebter singt mir zu: Steh auf, meine Freundin, meine Schöne, und komm! Schau doch, der Winter ist vorüber, vorbei.» Was für das Targum vorbei ist, ist jedoch nicht der jahreszeitliche Winter, sondern die ägyptische Knechtschaft. So heißt es dort:

«10. Und am Morgen antwortete mein Geliebter und sprach zu mir: Steh auf, Gemeinde Israels, meine Geliebte von Anfang an, die du schön bist in deinen Werken. Komm heraus aus der ägyptischen Knechtschaft!
11. Denn die Zeit der Knechtschaft, die dem Winter glich, ist zu Ende, und die Jahre, von denen ich zu Abraham sprach…., sind verkürzt, und die ägyptische Knechtschaft, die dem unablässig rinnenden Regen gleicht, ist dahin und vergangen. Ihr werdet sie ewiglich nicht mehr sehen.»

Solche Deutungen können geradezu in Spielereien ausarten. Das Hohelied beginnt mit dem Ausruf des verliebten Mädchens: «Wenn er mich doch küßte mit den Küssen seines Mundes!», und zum Geliebten gewendet fährt sie fort: «Deine Liebe ist süßer als Wein» (1,2). Im Hebräischen bedeutet jeder Konsonant auch eine Zahl, und die Konsonanten des Wortes «Wein» (jajin) ergeben die Zahl siebzig. Bei dieser Zahl denkt der Übersetzer an die «siebzig Völker», die nach jüdischer Tradition die ganze Menschheit darstellen (in Gen 10 werden als Nachkommen Noachs siebzig Völker aufgezählt), bei den Küssen an die Offenbarung am Sinai. So lautet denn seine Übersetzung der Stelle: «Und er sprach mit uns von Angesicht zu Angesicht, gleich wie jemand, der einen anderen küßt wegen der Größe der Liebe, mit der er uns mehr liebte als die siebzig Völker.» Somit wäre mit dem Ausruf des Mädchens die Erwählung Israels aus allen Völkern der Menschheit gemeint.

Diese «heilsgeschichtliche» Deutung war zwar nicht die einzige, aber doch die offizielle Auslegung des Hohenliedes in der Synagoge. Ihr liehen die frühchristlichen Theologen, die «Kirchenväter», bereitwillig ihr Ohr, und zwar bezogen sie nun das Hohelied auf das Verhältnis zwischen Christus und der Kirche. Dabei entwickelten sie jedoch nicht ihre eigene Spiritualität, vielmehr adaptierten sie das jüdische Verständnis auf die christlichen Gegebenheiten.

Das Hochzeitslied auf Christus und die Kirche

Wie man in den ersten zwei Jahrhunderten der Kirche über das Hohelied dachte, wissen wir nicht. Den ältesten auf uns gekommenen christlichen Kommentar verdanken wir dem ungewöhnlich gelehrten römischen Presbyter Hippolyt (gest. 235). Leider ist sein

Kommentar uns freilich nur fragmentarisch erhalten. Für Hippolyt ist der Bräutigam des Hohenliedes Christus, die Braut ist die Kirche. Von Anfang an wird somit in der Kirche die im Hohenlied besungene Liebe als eine bräutlich-eheliche verstanden. Die Brüste der Braut, zwischen denen der Bräutigam ruht (1,13), bedeuten die beiden Testamente, deren Mittler Christus ist. Andererseits – und hier zeigt sich Hippolyts Abhängigkeit von der jüdischen Auslegung am deutlichsten – ist das Mädchen, das nach den Küssen des Geliebten verlangt, die Synagoge, die von Christus, dem himmlischen Wort, geküßt werden möchte. Geradezu klassisch geworden ist in der christlichen Hohelied-Deutung Hippolyts Verständnis der Stelle: «Hört! Mein Geliebter – da kommt er. Er springt über die Berge, hüpft über die Hügel» (2,8). Damit ist nach Hippolyt das Wort Gottes gemeint, das in Sprüngen vom Himmel kommend die Menschwerdung vollzieht.

Volles Heimatrecht in der Kirche erhielt dieses allegorische Verständnis des Hohenliedes durch Origenes, den geist- und einflußreichsten Theologen unter den griechischen Kirchenvätern. Hochgebildet in der Philosophie seiner Zeit, war Origenes der erste, der ein christliches theologisches System entwarf. Er wirkte zunächst in Alexandrien, wo er wohl auch geboren wurde, später stand er der von ihm gegründeten Katechetenschule von Cäsarea in Palästina vor. Dort starb er um 353/54 in der Christenverfolgung des Kaisers Decius als Bekenner an den Folgen grausamer Folterungen. Schon zu seinen Lebzeiten, besonders aber nach seinem Tod gerieten einige Ansichten des Origenes in das Kreuzfeuer der Kritik. Das trug ihm in gewissen kirchlichen Kreisen den Ruf eines Ketzers ein.

Origenes ist der erste eigentliche Bibelwissenschaftler unter den frühchristlichen Theologen. Dennoch geht er in der Auslegung der Bibel seine sehr besonderen Wege. Diese ist für ihn ein Meer von Geheimnissen. Wir dürfen deshalb nicht bei ihrem vordergründigen, ihrem «leiblichen» Sinn stehenbleiben, sondern müssen zu ihrem höheren, ihrem «geistlichen» Sinn vorstoßen. Dieser ist für Origenes sogar wichtiger als der geschichtliche Sinn, den er deshalb mitunter völlig übergeht. Wie sich diese Methode auf sein Verständnis des Hohenliedes auswirken mußte, ist unschwer zu erraten.

Origenes hat sich nicht nur in seinen Predigten zum Hohenlied geäußert, sondern ihm auch einen zehnbändigen, leider nur teilweise erhaltenen Kommentar gewidmet. Dieser gewann durch die Vermittlung des Hieronymus verpflichtendes Ansehen. Hieronymus stellt Origenes das Zeugnis aus: «Nachdem er in seinen übrigen Schriften alle (anderen) übertroffen hat, hat er beim Hohenlied sich selbst übertroffen.» In der orientalischen Kirche wird von nun an kein Kommentar zum Hohenlied mehr geschrieben, der nicht von Origenes abhängig wäre.

Origenes kennt zwar den ursprünglichen, den «leiblichen» Sinn des Hohenliedes, den Lobpreis auf die natürliche Liebe zwischen Mann und Frau, warnt aber nachdrücklich davor. Für ihn ist das Hohelied das Hochzeitslied auf die Vereinigung Christi mit der Kirche, aber auch – und das ist das Neue bei Origenes gegenüber Hippolyt – des Logos mit der einzelnen Seele. Die Braut – die Kirche, die Braut – die einzelne Seele: zwei der drei klassischen christlichen Auslegungstraditionen liegen damit offen vor uns.

Wie maßgeblich Origenes war, zeigt sich bei Ambrosius (339-397), dem Bischof von Mailand. Er sieht in der biblischen Unterweisung und Verkündigung seine allererste Aufgabe. Dabei schöpft er reichlich aus dem Gedankengut der griechischen und besonders der alexandrinischen Theologen. Kein Wunder, daß er ganz auf die allegorische Auslegung des Origenes einschwenkt.

Zwar hat Ambrosius keinen Kommentar zum Hohenlied verfaßt, aber seine Vertrautheit, ja ausgesprochene Vorliebe für diese biblische Schrift zieht sich durch fast alle seine Werke. Auch für Ambrosius spricht sich im Hohenlied das Verhältnis der Liebe Christi zur Kirche und des Wortes Gottes zur einzelnen Seele aus. Als leidenschaftlicher Anwalt der Jungfräulichkeit aber denkt Ambrosius hierbei vorzugsweise an die jungfräuliche Seele. Da bedarf es nur noch eines kleinen Schrittes, um die Jungfrau Maria mit der Braut des Hohenliedes zu identifizieren. So ist mit Ambrosius die dreifache Deutung des Hohenliedes perfekt, wie sie in der katholischen Kirche bis zur jüngsten Zeit Heimatrecht besitzen sollte: besungen wird die Liebe zwischen Christus und der Kirche, Christus und der erlösten Seele, Christus und Maria.

Wie zäh sich die Auslegung des Origenes, wenn auch in immer neuer Variation, durch die Jahrhunderte behaupten konnte, zeigt der (vielleicht in der zweiten Hälfte des 6. Jahrhunderts in Rom geschriebene) Hohelied-Kommentar eines gewissen Apponius besonders anschaulich.[1] Das Hohelied wird nun völlig für die Christologie vereinnahmt. Es bezeugt das Kerndogma des Christentums, die Vereinigung Gottes mit der Menschheit in Christus. Im einzelnen freilich sprengt dabei der Einfallsreichtum des Auslegers alle Grenzen. Die Eingangsworte «Wenn er mich doch küßte mit den Küssen seines Mundes! Denn besser ist deine Liebe als Wein» (1,2) liest Apponius nach der ihm vorliegenden lateinischen Übersetzung «Denn besser sind deine Brüste als Wein». Das bedeutet für ihn, daß die Kirche in der Taufe Jesu am Jordan «die heiligen Küsse Christi empfangen» hat, während die Brüste Johannes den Täufer und Johannes den Evangelisten darstellen. Außerdem bezeichnen sie die Apostel und ihre Lehre, deren Milch besser ist als der Wein des Alten Testaments oder des Gesetzes. Merkwürdig ist bei Apponius das Verständnis der Stelle 1,14, wo der Freund die Geliebte anredet: «Deine Augen sind Tauben(augen).» Die Fähigkeit der Tauben, von weit her den Feind zu erkennen, auf die hier angespielt wird, bezieht sich auf die Bischöfe, die die Nachstellungen des Teufels erkennen und vor ihnen warnen. Ein letztes Beispiel: Die Aufforderung an das Mädchen, zu tanzen: «Dreh dich um, dreh dich um, Schulamit, daß wir dich anschauen» (7,1) lautet bei Apponius nach der lateinischen Bibel «Kehre um, kehre um...». Das ist zum Volk Israel (= Schulamit) gesagt, das in die Irre ging, daß es Buße tue und umkehre zur Erkenntnis des Schöpfers.

Was hier einer Spielerei zu gleichen scheint, steht jedoch – wir sahen es – bei Apponius im Dienst einer fest umrissenen christlichen Theologie. Mit einer Großzügigkeit ohnegleichen bezieht er das Hohelied auf Christus und die Kirche, die Apostel, die beiden Testamente, das Volk Israel. Indes ist merkwürdigerweise von Maria keine Rede. Nachdem die mariologische Deutung im 4. Jahrhundert bei Ambrosius erstmals aufgetaucht ist, verschwindet sie – von gelegentlichen Ausnahmen abgesehen – für 750 Jahre. Erst Rupert von Deutz (ca. 1075-1130) wird sie wieder zu neuem Leben erwecken. Wir stehen damit in der Blütezeit der Hohelied-Auslegung. Im 12. Jahrhundert wurden mehr Erklärungen zum Hohenlied geschrieben als das ganze Jahrtausend zuvor.

Wer jedoch erwartet, ein so glühender Marienverehrer wie Bernhard von Clairvaux (ca. 1090-1153) müsse sich gewiß der mariologischen Deutung verschrieben haben, wird enttäuscht. Zwischen 1135 und 1153 hielt Bernhard 86 Predigten über das Hohelied. Bei seinem Tod 1153 war er jedoch erst beim Beginn des 3. Kapitels angelangt. In diesen 86 Predigten verliert er indes nicht ein Wort über die menschliche Erotik des Hohenliedes. Fast möchte man sagen: er redet von allem, außer vom Hohenlied. Mit gleicher Bestimmtheit bezieht er dieses auf das Liebesverhältnis Christi zur Kirche wie auch zur einzelnen Seele. An diesem Doppelthema hängt er seine ganze Theologie auf, bringt er alle Sorgen und Nöte seiner Zeit unter. Er tadelt die Prunk- und Herrschsucht der Prälaten, das Konkubinat der Geistlichen, verteidigt aber, unter Berufung auf das Neue Testament, die Wiederheirat Verwitweter. Die Füchse, die den Weinberg verwüsten (Hld 2,15), sind die Häretiker. Von der Bernhard oft angelasteten Abwertung der Frau ist – zumindest in seinen Hohelied-Predigten – nichts wahrzunehmen.

Und die Reformation?

Auch die Reformation brachte im Verständnis des Hohenliedes keine bemerkenswerte Wende, so sehr sich die Reformatoren grundsätzlich um den wörtlichen Sinn der biblischen Texte bemühten. Luther sträubt sich in seiner Hohelied-Vorlesung von 1530/31 gegen weltliche Liebeslieder in der Bibel, empfindet aber auch die herkömmliche Deutung auf Christus und die Kirche als absurd. Nach seiner Überzeugung beziehen sich alle Lieder des Alten Testaments, so das Deboralied (Ri 5), auf Ereignisse der biblischen Zeitgeschichte. Deshalb versteht er das Hohelied «als ein Danklied Salomos für seine glückliche Regierung und als Trostlied in Nöten und Anfechtungen»[2]. Wenn er sich irre, meint er, so seien andere Deutungen noch viel unwahrscheinlicher und ohne Gewinn.

Zwar hat sich Luther mit dieser Deutung nicht durchgesetzt. Dennoch wächst, je weiter die Geschichte der Kirche fortschreitet, um so mehr die Neigung, bestimmte Texte des Hohenliedes auf bestimmte

Ereignisse der Kirchengeschichte zu beziehen. Hier stehen dann natürlich jeder Willkür Tür und Tor offen. So teilt der protestantische Theologe und Bibelausleger Coccejus (1603-1669) das ganze Hohelied in Phasen der Kirchengeschichte ein. Im Abschnitt 6,9-7,10 («Aber eine ist meine Taube, mein Ein und Alles ...») sieht er zum Beispiel die Reformation beschrieben. Diese Methode ist typisch für das 17. Jahrhundert.

Freilich ist die allegorische Auslegung des Hohenliedes nur eine Seite. Immer gab es vereinzelte Denker und Schriftsteller, die die Liebesdichtung in ihrem ursprünglichen Sinn verstanden: als Lieder der Liebe zwischen Mann und Frau. In der alten Kirche hat in dieser Hinsicht der syrische Bischof Theodor von Mopsuestia (gest. 428) Geschichte gemacht wie keiner. Denn weil das 2. Konzil von Konstantinopel (553), aus dogmatischen Gründen und aus heutiger Sicht zu Unrecht, die Verbrennung seiner Schriften anordnete, mußte auch seine Hohelied-Deutung als mitbetroffen gelten und wirkungslos bleiben.

Theodor knüpft an die Mitteilung des Königsbuches an, Salomo habe eine ägyptische Prinzessin geheiratet (1 Kön 3,1), und dies habe ihm die Kritik seines eigenen Volkes eingetragen, zumal die dunkelhäutige Ägypterin keineswegs dem israelitischen Schönheitsideal entsprach. Salomo antwortet dem Volk mit dem Hohenlied: «Da sie uns durch ihre Vorwürfe betrüben und durch ihre tadelnden Sticheleien zu trennen glauben, mögen sie hören, wie wir unsere Umarmungen besingen», läßt Theodor Salomo sagen.

Die Aufklärung als Wende

Den eigentlichen Durchbruch zu einem sinngemäßen Verständnis des Hohenliedes verdanken wir Johann Gottfried Herder (1744-1801). Als Theologe, der auch im Verständnis der Offenbarung die Vernunft an die erste Stelle setzte, war es für ihn selbstverständlich, das Hohelied als Liebeslieder Israels zu verstehen. Er ermahnt die Studierenden, sich von abstrakten Kommentaren fernzuhalten und das biblische Wort unmittelbar und unbefangen auf sich wirken zu lassen, mit den Hirten ein Hirte zu werden, mit den Bauern ein Bauer, mit den Orientalen ein Orientale.

Damit hatte Herder das Hohelied von allen dogmatischen und allegorischen Zwängen befreit. Auf ihn berief sich Goethe (1749-

1832), der – wie schon Herder 1778 unter dem Titel «Lieder der Liebe» – eine eigene Übersetzung des Hohenliedes verfaßte. Er nennt dieses in einem Brief (7. 10. 1775) «die herrlichste Sammlung liebes Lieder die Gott geschaffen hat» und spricht von ihnen als dem «Zartesten und Unnachahmlichsten, was uns von Ausdruck leidenschaftlicher, anmutiger Liebe zugekommen ist» (Noten zum West-östlichen Divan).

Für die «profanen» Dichter und Forscher war also das unbefangene, ursprüngliche Verständnis des Hohenliedes kein Problem. Das zeigt auch ein Aufsatz, den der Orientalist J. G. Wetzstein 1873 unter dem Titel «Die syrische Dreschtafel» in der Zeitschrift für Ethnologie veröffentlichte. Wetzstein berichtet von seinem Erlebnis von Liedern, die bei den siebentägigen syrischen und transjordanischen Hochzeitsfeiern auf das junge Paar gesungen werden. In die Tradition dieses Brauchtums sei, so Wetzstein, das biblische Hohelied einzuordnen. Bei den von ihm erforschten orientalischen Hochzeiten werden Bräutigam und Braut als König und Königin behandelt – auch im Hohenlied wird der Geliebte öfters «König» genannt. Anläßlich eines Tanzes wird ein *wasf* (= Beschreibung) gesungen, ein Lied, in dem mit großem Realismus die körperliche Schönheit von Mann und Frau besungen wird – auch dieses Motiv gibt es bereits im Hohenlied.

Es dauerte nicht lange, bis der angesehene protestantische Alttestamentler Karl Budde (1850-1935) die Beobachtungen Wetzsteins in die biblische Wissenschaft einführte und ihnen in der Hohelied-Forschung Heimatrecht verschaffte. «Danach besitzen wir im Hohenlied gleichsam das Textbuch einer palästinisch-israelitischen Hochzeit», schreibt er in seinem Kommentar von 1898. Die Theorie, wonach wir es im Hohenlied mit Hochzeitsliedern zu tun haben, war damit geboren. Und Budde sollte, jedenfalls fürs erste, recht behalten, wenn er zuversichtlich erklärt: «Daß der Wetzstein'schen Auffassung der Sieg verbleiben wird, unterliegt kaum einem Zweifel.»

Aber auch in der Forschung hat bekanntlich nichts ewigen Bestand. Schon Budde konnte es damals nicht entgehen, daß sich gewisse Aussagen des Hohenliedes schlechterdings nicht in den Rahmen einer Hochzeit einfügen lassen. «Alles hat auf die Hochzeit Bezug», schreibt er; «aber natürlich gehört auch, was zu ihr hinführt, vom ersten Liebesfunken an, und ebenso die Seligkeit des vollen Besitzes, noch zu diesem Bereiche.» Das zeigt zum Beispiel in Hld 2,8ff die prächtige Schilderung, wie der junge Mann zum Haus des Mädchens stürmt und um Einlaß bittet, ja sie aus der Kammer lockt:

«Hört! Mein Geliebter – da kommt er!
Er springt über die Berge, hüpft über die Hügel.

Schon steht er hinter der Mauer,
schaut durch das Fenster, guckt durch das Gitter:

Steh auf, meine Freundin,
meine Schöne, und komm!»

Nach Budde erzählt hier die Braut auf der Hochzeit, was sich vor der Hochzeit ereignete. Noch schwieriger ist der Anfang von Kapitel 3 des Hohenliedes einzuordnen. Da erzählt das Mädchen, wie es sich auf seinem Lager eine lange Nacht nach dem Geliebten gesehnt habe, schließlich aufgestanden sei und die Stadt durchstreift habe, bis es ihn fand, ihn festhielt und nicht mehr losließ. Da eine Ehefrau schwerlich ihren Mann nachts auf den Straßen sucht, für ein unverheiratetes Mädchen aber ein solches Verhalten im höchsten Maß unschicklich gewesen wäre, behilft sich Budde damit, daß die Braut auf der Hochzeit einen Traum erzählt, den sie früher einmal als Mädchen geträumt hat. Aber ist es vorstellbar, so ist zu fragen, daß die Braut vor der ganzen Hochzeitsgesellschaft einen intimen Traum erzählt? Dennoch hat die Buddesche Deutung bis heute ihre Vertreter.

Langsames katholisches Umdenken

Auf katholischer Seite ging alles mühsamer vor sich. Immerhin gab es seit den zwanziger Jahren dieses Jahrhunderts einige angesehene Exegeten, die sich der Einsicht nicht verschlossen, daß wir es im Hohenlied mit weltlichen Liebesliedern zu tun haben. Um aber der alten Auffassung dennoch gerecht zu werden und zugleich die Würde des Hohenliedes als biblische Schrift zu rechtfertigen, operierten sie mit der klassischen kirchlichen Lehre, wonach biblische Texte einen doppelten Sinn haben können: einen wörtlichen (Literalsinn) und einen «typischen» (abbildlichen Sinn). Im wörtlichen Sinn werde im Hohenlied zwar die Liebe zwischen Mann und Frau besungen. Diese sei jedoch Abbild der Liebe zwischen Jahwe und Israel oder Christus und der Kirche.

Ein prominenter Vertreter dieser Theorie war der Beuroner Benediktiner Athanasius Miller (er wurde später Sekretär der Päpstlichen Bibelkommission; gest. 1963). In seinem Kommentar zum Hohenlied (1927) schreibt er: «Lesen wir das Hohelied unbefangen, so ist klar, daß es sich dem Wortlaut nach um die Beschreibung einer rein natürlichen, wenn auch höchst idealen, bräutlich-ehelichen Liebe handelt.» Tradition und kirchliches Lehramt, so schränkt er ein, verpflichteten uns jedoch, aus dem Hohenlied eine höhere Idee herauszulesen: die natürliche Liebe steht abbildlich für die übernatürliche.

Als bahnbrechend für ein sinnvolles Verständnis des Hohenliedes erwiesen sich im weiteren zwei Gelehrte aus dem Dominikanerorden, beide Professoren an der Universität Freiburg in der Schweiz, der Mähre Vincenz Zapletal (1867-1938) und sein Nachfolger, der Niederländer Mark-Anton van den Oudenrijn (1890-1962). Zapletal[3] schließt zwar einen höheren Sinn nicht aus, plädiert aber mit Nachdruck dafür, daß das Hohelied in seinem selbstverständlichen Wortsinn «die Liebe zwischen einem menschlichen Bräutigam und einer menschlichen Braut besingt». Dabei zieht er ausgiebig Parallelen aus der ägyptischen und arabischen Liebespoesie heran und macht sich auch die Erkenntnisse Wetzsteins zu eigen. Van den Oudenrijn[4] argumentiert ähnlich, obwohl er zugleich am übertragenen Sinn festhält: «Dasjenige, was – bald im eigentlich buchstäblichen Sinne, öfters aber in wechselnder Bildersprache – im Hohen Liede besungen wird, ist immer nur dieses eine: die geschlechtliche Liebe. Diese geschlechtliche Liebe ist aber eine Naturerscheinung, die in sich selbst einen höheren Sinn trägt: einen ‹sensus mysticus› oder ‹spiritualis›. Nach diesem Dingsinn ist sie das gottgewollte Abbild der ungeschlechtlichen höheren Liebe zwischen Gott und Mensch, zwischen Schöpfer und Geschöpf.»

Die Anhänger der alten, allegorischen Deutung gaben sich aber nicht so schnell geschlagen, zumal die Theorie vom zweifachen Sinn des Hohenliedes, bei aller Beliebtheit, der sie sich vorübergehend erfreute, wenig befriedigen konnte. Es wurde ihr «Zweigleisigkeit» vorgeworfen. In der Tat gibt es auch keinen Anhaltspunkt dafür, daß die Liebe zwischen Mann und Frau, die im Hohenlied besungen wird, noch eine höhere Wirklichkeit beinhaltet. Kein Wunder, daß namhafte katholische Bibelwissenschaftler doch wieder zur alten Auslegung zurückkehrten. Für sie brach kein Geringerer als Augustin Bea (1881-1968), der Rektor des Päpstlichen Bibelinstituts in Rom, eine Lanze[5]. Der brillante Exeget, der Bea war, verschreibt sich merkwürdigerweise völlig der allegorischen Auslegung. Für ihn ist das Hohelied insgesamt ein großes Gleichnis der Liebe Jahwe/Israel und Christus/Kirche. Die Einzelmotive, so betont er, dürften dabei nicht überbewertet werden. Dennoch geht Bea auch hierin sehr weit. So bringt der sehnsüchtige Ausruf des Mädchens am Anfang des Hohenliedes «Wenn er mich doch küßte mit den Küssen seines Mundes» das natürliche Verlangen des Menschengeschlechts nach der Gemeinschaft mit Gott zum Ausdruck, während die Erklärung des Mädchens «Unser Lager ist Laub» (1,16) bedeutet, daß die beiden sich auf einer grünen Wiese miteinander unterhalten.

Vor allem führte die allegorische Erklärung in der dynamischen französischen Exegese ein zähes Nachleben. Um sie versammelte sich eine ganze Gruppe von Fachvertretern, deren Haupt André Robert (1883-1955), Professor am Institut Catholique in Paris, war.[6] Seine Vorliebe galt den späteren Schriften der hebräischen Bibel, und es beeindruckte ihn tief, wie in der nachexilischen Zeit die älteren Texte im Lichte neuer geschichtlicher und religiöser Erfahrungen neu gedeutet wurden. Robert setzt als gegeben voraus, daß das Hohelied im allegorischen Sinn zu verstehen ist. Im Unterschied zur gängigen Auslegung sieht er darin jedoch nicht eine Vermählung, sondern eine Neuvermählung Jahwes mit Israel beschrieben. Wenn das Mädchen erklärt «Ich bin schwarz, aber doch schön» (1,5), so bedeutet dies, daß das Exil und seine Leiden der Schönheit Israels nichts anhaben konnten. Das grüne Bett, auf dem die beiden Liebenden schlafen («Unser Lager ist Laub» oder «grün»: 1,16) ist das fruchtbare Land Palästina. Und in der Beschreibung der Schönheit des Mannes 5,10-16 wird der Tempel beschrieben. So bezeichnen die rabenschwarzen Haare des jungen Mannes das völlig im Dunkel liegende Allerheiligste, seine lilienförmigen Lippen das gewaltige eherne Wasserbecken.

Mit den Schenkeln, die wie Alabastersäulen aussehen, sind die Säulenhallen der Vorhöfe gemeint. Ähnliches gilt vom Beschreibungslied 7,2-6, das die Schönheit des Mädchens preist. Für Robert bedeutet der Bauchnabel die Stadt Jerusalem, der Bauch das judäische Gebirge, die Brüste die Berge Garizim und Ebal.

Das ganze Hohelied ist somit eine Allegorie, sein Gegenstand ist der Bund zwischen Jahwe und Israel, wie er seit Hosea unter dem Bild eines Ehebundes dargestellt wird. Freilich geht es für Robert im Hohenlied um eine Erneuerung dieses Ehebundes. «Unter dem Apfelbaum weckte ich dich» (8,5): Der Gemahl schenkt der untreuen Gattin unter dem Apfelbaum (= Rückkehr nach Palästina) vollkommene Reue, die zur endgültigen Vereinigung führt («Lege mich wie ein Siegel an dein Herz...»: 8,6ff). Demnach ist das Hohelied für Robert eine fein durchdachte, konsequent konzipierte und logisch aufgebaute Dichtung.

Der Widerspruch gegen solche Verstiegenheiten konnte nicht ausbleiben. Er kam in der Mitte der fünfziger Jahre wiederum von zwei Dominikanern: A.-M. Dubarle und J.-P. Audet.[7] Für beide ist der natürliche Sinn des Hohenliedes «hoch» genug, als daß es nötig wäre, nach einem noch «höheren» zu suchen. Dubarle setzt sich direkt mit der Methode von Robert auseinander und bezeichnet sie schlicht als gescheitert. Audet sieht den Grundfehler zahlreicher Ausleger darin, daß sie vom Hohenlied als von einem Rätsel sprächen, das es zu lösen gelte. Stünde das Hohelied nicht in der Bibel, meint er, so verstünde es jedermann ohne Schwierigkeit. Nur weil es in der Bibel stehe, finde man es rätselhaft. Aus dem Hohenlied spricht die gleiche dankbare Bewunderung für Gottes Wunder wie aus dem Schöpfungsbericht, und die Freude, die Mann und Frau im Hohenlied aneinander finden, ist keine andere als jene, die in der Paradieserzählung (Gen 2,24) der Mann empfindet, als er die Frau erblickt.

Welche Liebe?

Damit war man einen gewaltigen Schritt weitergekommen. Der unmittelbare Bezug des Hohenliedes auf die Liebe zwischen Mann und Frau und den erotisch-sexuellen Bereich war nun auch in der katholischen Auslegung fest begründet. Dennoch konnten wir des Ergebnisses noch nicht ganz froh werden. Denn noch bleibt unklar, ob es die Liebe überhaupt oder nur die eheliche Liebe ist, die im Hohenlied besungen wird.

Wie wir sahen, stößt ja auch das Bemühen, das Hohelied auf Hochzeit und Ehe zu beziehen, auf die größten Schwierigkeiten, sonst hätten Budde und seine Anhänger nicht mit so unwahrscheinlichen Argumenten operieren müssen. Und so meldeten sich nun Stimmen, daß einzelne Lieder des Hohenliedes zwar Hochzeitslieder, andere aber allgemeine Liebeslieder seien, was nicht ausschließe, daß sie auf Hochzeiten gesungen wurden. So etwa Otto Eißfeldt, der Nestor der alttestamentlichen Wissenschaft: «Auch solche Liebeslieder, die keine unmittelbare Beziehung zur Hochzeit haben, können und werden bei Hochzeitsfeierlichkeiten vorgetragen worden sein, und in diesem Sinne darf unser Büchlein vielleicht als eine Sammlung von Hochzeitsliedern verstanden werden. Indes ist die Beziehung der ... Liebeslieder zur Hochzeit eben doch nur lose, und man vergewaltigt sie, wenn man sie dennoch aus den Hochzeitsfeierlichkeiten heraus erklären wollte. Auch das Bemühen, hier überall die eheliche oder doch wenigstens die bräutliche Liebe besungen zu sehen, ist vergeblich und zieht diese, die Liebe als eine Naturgewalt oft realistisch, aber immer tief und innig rühmenden Lieder in die Sphäre der pedantisch-bürgerlichen Legitimität herab, wie es freilich auch umgekehrt falsch wäre zu sagen, daß hier im Gegensatz zur Ehe die freie Liebe ohne Scheu gefeiert würde.»[8]

Diese Vorbehalte Eißfeldts sind sicher noch kräftig zu verstärken. Liest man das Hohelied unbefangen, so hat man die allergrößte Mühe, in dem, was die beiden Liebenden über ihre Beziehung und ihr Verhalten aussagen, auch nur den geringsten Bezug zur Ehe zu finden. In jüngster Zeit haben vor allem Gillis Gerleman (Kommentar 1965) und Günter Krinetzki (Kommentar 1981) dem Hohenlied dezidiert jeden Charakter von Hochzeitsliedern abgesprochen. Zwar hat Gerleman heftigen Widerspruch provoziert, aber sein Kommentar muß als ein mutiger und längst fälliger Durchbruch angesehen werden. Für ihn ist es eine feste Tatsache, «daß wir im Hohenlied nie eine unmittelbare Beziehung zur Hochzeit finden. Was hier besungen wird, ist nicht die bräutliche oder eheliche Liebe, sondern die Schönheit und Sehnsucht zweier junger Menschen.»

Krinetzki hatte sich in einer früheren Phase seiner Forschung der typologischen Deutung von Athanasius Miller angeschlossen (Kommentar 1964), sich aber später der Position Gerlemans zugewendet. Indes brachte er für die Hohelied-Deutung noch eine neue Komponente ins Spiel: die Tiefenpsychologie C. G. Jungs, der sich selber ja sehr intensiv mit dem Hohenlied beschäftigte. Er sieht in diesem eine erotische Dichtung und nimmt sie zum Anlaß, um auf seine Animus-anima-Theorie beispielhaft hinzuweisen.

Krinetzki ist vor allem überzeugt, daß die psychologische Typenlehre C. G. Jungs einen neuen Zugang zum Hohenlied eröffnet, ja daß nur sie seiner Symbolsprache gerecht werden kann. Denn «was im Hohenlied zur Sprache kommt, ist ja nicht in erster Linie die objektive Schönheit und so weiter des Liebespartners... Es ist der stets subjektiv ‹gefärbte› Eindruck, den der Liebespartner auf den Sprecher ausübt, der in diesen Liedern artikuliert wird. In diesen Liebespartner wird alles, was sich das Subjekt von seinem Partner erwartet, wie es ihn gerne hätte, hineinprojiziert. Daher die idealen Züge, in denen er geschildert wird, daher auch die verallgemeinernde Form der Darstellung und Beschreibung.»[9]

In seinem bahnbrechenden Kommentar (1986) hat Othmar Keel zwar keine grundsätzlich neue Deutung des Hohenliedes vorgelegt, jedoch die Erkenntnisse von Gerleman und Krinetzki durch Heranziehung neuer Materialien gestützt und bereichert.

Damit ist die Deutung des Hohenliedes an einem vorläufigen Ende angelangt. Jede Zeit, jede Denkrichtung, jeder einzelne wird andere Akzente setzen und immer wieder neue Entdeckungen machen (wie zum Beispiel Marc Chagall). Denn ein Kunstwerk, sei es ein Gedicht, eine Musik, ein Bild, läßt sich niemals «zu Ende» deuten. Das gerade macht seine Größe und seinen Wert aus. Und so ist es auch mit dem Hohenlied.

Anmerkungen

1 Siehe jetzt die Tübinger Dissertation von Hildegard König, Apponius. Die Auslegung zum Lied der Lieder, Freiburg i. Br. 1992.

2 W. Rudolph, Das Hohelied, Gütersloh 1962, 85.

3 Das Hohelied kritisch und metrisch untersucht, Freiburg/Schweiz 1907.

4 Vom Sinne des Hohenliedes: Divus Thomas 31, 1953, 257-280; Het Hooglied, Roermond 1962.

5 Canticum Canticorum, Rom 1953.

6 Robert hat sich mehrfach zum Hohenlied geäußert. Sein gewaltiger Kommentar erschien freilich erst nach seinem Tod (A. Robert/R. Tournay, Le Cantique des Cantiques, Paris 1963).

7 Ihre Arbeiten sind am Ende des Buches als «Grundlegende und weiterführende Literatur» genannt.

8 O. Eißfeldt, Einleitung in das Alte Testament, Tübingen 3. Aufl. 1964. Ähnlich W. Rudolph in seinem Kommentar (s. Anm. 2).

9 G. Krinetzki, Die erotische Psychologie des Hohenliedes: Theol. Quartalschrift 150, 1970, 404–416.

Grundlegende und weiterführende Literatur

P. Audet, Le sens du Cantique des Cantiques: Revue Biblique 62, 1955, 197-221.

A. M. Dubarle, L'amour humain dans le Cantique des Cantiques: Revue Biblique 61, 1954, 67-86.

G. Gerleman, Ruth. Das Hohelied, Neukirchen 1965.

H. Gollwitzer, Das hohe Lied der Liebe, München 1978.

R. Gordis, The Song of Songs, New York ²1961.

H. Haag, Du hast mich verzaubert. Liebe und Sexualität in der Bibel, Zürich ⁵1993.

H. Haag/K. Elliger, «Stört nicht die Liebe», Olten ³1989, München 1990.

H.-J. Heinevetter, «Komm nun, mein Liebster, Dein Garten ruft Dich!» Das Hohelied als programmatische Komposition, Frankfurt a. M. 1988.

O. Keel, Das Hohelied, Zürich 1986 (Zürcher Bibelkommentare).

G. Krinetzki, Kommentar zum Hohenlied, Frankfurt a. M./Bern 1981.

H.-P. Müller, Die lyrische Reproduktion des Mythischen im Hohenlied: Zeitschrift für Theologie und Kirche 73, 1976, 23-41.

E. Neumann, Die große Mutter. Eine Phänomenologie der weiblichen Gestaltung des Unbewußten, Olten ⁵1981.

M. A. van den Oudenrijn, Vom Sinne des Hohen Liedes: Divus Thomas 1953, 257-280.

W. Rudolph, Das Buch Ruth. Das Hohe Lied. Die Klagelieder, Gütersloh 1962.

S. Schroer, Der Geist, die Weisheit und die Taube: Freiburger Zeitschrift für Philosophie und Theologie 33, 1986, 197-225.

W. Teichert, Gärten. Paradiesische Kulturen, Stuttgart 1986.

Register